RÉPUBLIQUE FRANÇAISE

EXPOSITION UNIVERSELLE
de 1889

COLONIES FRANÇAISES
ET
PAYS DE PROTECTORAT

CATALOGUE OFFICIEL

PARIS
J. BELL, Éditeur concessionnaire
22, RUE FABERT, 22

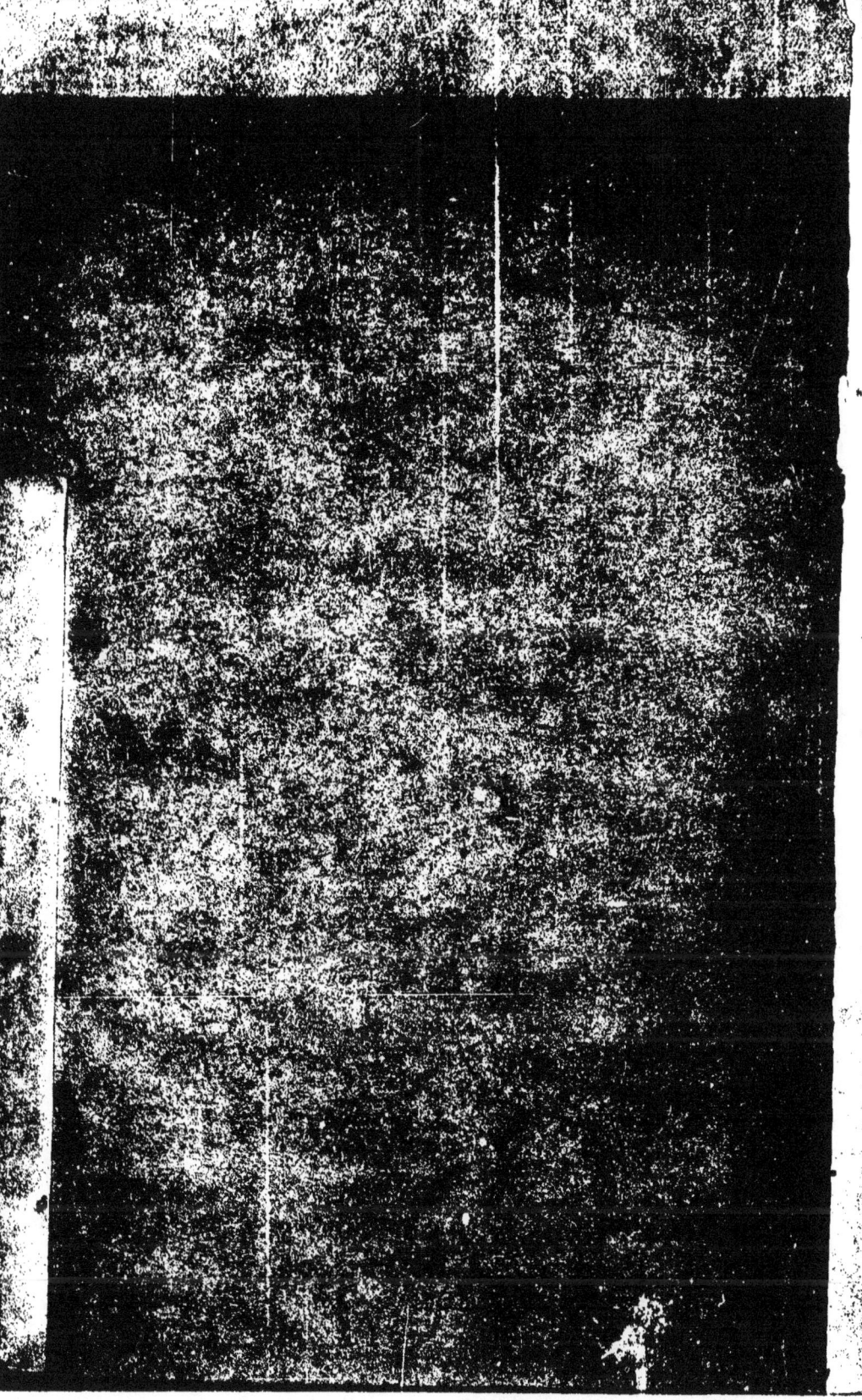

EXPOSITION UNIVERSELLE DE 1889

COLONIES FRANÇAISES

ET

PAYS DU PROTECTORAT

CORBEIL. — IMPRIMERIE CRÉTÉ-DE L'ARBRE

RÉPUBLIQUE FRANÇAISE

EXPOSITION UNIVERSELLE
de 1889

COLONIES FRANÇAISES
ET
PAYS DE PROTECTORAT

CATALOGUE OFFICIEL

PARIS

J. BELL, Éditeur concessionnaire

22, RUE FABERT, 22

EXPOSITION UNIVERSELLE
DE 1889

COMMISSAIRE GÉNÉRAL

M. TIRARD, Ministre du Commerce, de l'Industrie et des Colonies.

DIRECTEUR GÉNÉRAL DE L'EXPLOITATION

M. BERGER, G. O. ✱.

DIRECTEUR GÉNÉRAL DES TRAVAUX

M. ALPHAND, G. C. ✱, directeur des Travaux de la Ville de Paris.

DIRECTEUR GÉNÉRAL DES FINANCES

M. GRISON, C. ✱, directeur au Ministère du Commerce.

EXPOSITION COLONIALE
DE 1889

COMMISSION CONSULTATIVE

Président.

M. ETIENNE, député, sous-secrétaire d'État aux Colonies.

Vice-présidents.

M. SCHŒLCHER, Sénateur.
M. FELIX FAURE ✱, député, ancien sous-secrétaire d'État aux Colonies.

SOUS-COMMISSION D'ORGANISATION

Président.

M. Hébrard, sénateur de l'Inde.

Membres.

MM. **Isaac**, sénateur de la Guadeloupe.
Higginson ✱, industriel de la Nouvelle Calédonie.
de Cambourg, vice-président de la société des études coloniales et maritimes.
Rueff ✱, administrateur des Messageries fluviales.
Ducret ✱, président de la Chambre syndicale des industries diverses.
Hetzel ✱, éditeur.
Muzet ✱, président des chambres syndicales.
Chaper, ingénieur civil.
Haussmann ✱, chef de division de l'administration des colonies.
Meyer, auditeur au Conseil d'État.

COMMISSARIAT GÉNÉRAL

Commissaire général.

M. HENRIQUE (Louis) ✻ ✪.

Commissaires-adjoints.

MM. Révoil (Paul) ✻.
des Tournelles (F.) ✻ ✪.

SERVICE DES BUREAUX

MM. Fournier, chef du secrétariat.
Besseyre de Dyannes ✪ ✻, chef de section
Castelbon, chef de section.
Baudoin ✻ ✪, chef de section.

SERVICE DES BATIMENTS

MM. Sauvestre ✻, architecte du Palais-central.
Foulhoux ✻ ✪, architecte en chef de l'Indo-Chine.
Fabre, architecte du Cambodge.
de Brossard ✪, architecte-adjoint.
Roger (Martin), inspecteur des bâtiments.

SERVICE DES INSTALLATIONS

MM. Arnould, chef de section.
Dreyfus (Paul), chef de section.
Blum (Fernand) ✪, chef de section.
Suais, chef de section.
Faucon ✻ O. ✪, chef de section.
Gambey ✻, chef de section.
Bilbaut ✪, chef de section.
de Fontvielle, chef de section.
de Lavergne ✻, chef de section.
Schmidt, chef de section.
Raoul ✻, pharmacien principal de la marine, chef de section
Jolibois, chef de section.

COMITÉS

D'ADMISSION ET DE CLASSEMENT

PREMIER COMITÉ

MARTINIQUE — GUADELOUPE — GUYANE
SAINT-PIERRE ET MIQUELON

Président.

M. **Schœlcher**, sénateur.

Vice-président

M. **Isaac**, sénateur.

Membres.

MM. **Allègre**, sénateur.
   Deproge, député.
   Hurard, député.
   Gerville-Réache, député.
   Sarlat, député.
   Franconie, député.
   Salomon, délégué de Saint-Pierre et Miquelon.
   Gachet ✻, délégué de la Guyane.
   Fleury ✻, délégué de la Martinique.
   Housez ✻, chef de division.
   Doubrère ✻, ancien chef de bureau.
   Charvein O. ✻, commissaire de la Marine.
   Shmidt, sous-chef de bureau.
   Cousin, sous-chef de bureau.
   Zœpfel, sous-chef de bureau.
   Ney (Napoléon) ✻, vice-président de la société de géographie commerciale.

MM. **Duluc** (Jean), chef de Cabinet du préfet de Seine-et-Oise.
Antony, publiciste.
Montet (Joseph), publiciste.
Massip, publiciste.
Pector, négociant.
Cros, auditeur au Conseil d'État.

Secrétaire.

M. J. L. **Deloncle** ✪, sous-chef de bureau.

DEUXIÈME COMITÉ

SÉNÉGAL — SOUDAN FRANÇAIS — GABON-CONGO
COTE OCCIDENTALE — RÉUNION

Président.

M. X.....

Vice-Président.

M. **Gasconi**, Député.

Membres

MM. **Vallon**, C. ✳.C. amiral.
Dubard O. ✳. chef du Service de l'Inspection.
Billecocq ✳, chef de la 3e division des Colonies.
Cornu O. ✪, professeur au Muséum.
Noirot, administrateur au Sénégal, délégué (adj.).
Avinenc, délégué du Gabon-Congo.
Péan (O), administrateur, délégué.
Dalmas ✳, chef de bureau aux Colonies.
Gabrié ✳, chef de bureau aux Colonies.
Doubrère, sous-chef de bureau aux Colonies.
Bertin ✳, sous-chef de bureau aux Colonies.
Chaper, ingénieur civil.
Roux, négociant.
Muzet ✳, négociant

Secrétaire.

M. **Augé de Fleury**.

TROISIÈME COMITÉ

INDE FRANÇAISE — MAYOTTE ET COMORES — NOSSI-BÉ
DIÉGO-SUAREZ — OBOCK

Président.

M. Hébrard ✻, sénateur.

Vice-Président.

M. Milhet-Fontarabie ✻, sénateur.

Membres.

MM. Dureau de Vaulcomte, député.
Pierre-Alype, député.
le baron **de Cambourg**.
le baron **de Faymoreau** (Michel), délégué de Mayotte.
Couturier O. ✻, délégué de Nossi-Bé.
Jacob de Cordemoy ✻, délégué de la Réunion.
Pelet (Paul), professeur de Géographie.
Suais, ingénieur.
Nivert O. ✻, adjoint au maire du 17° arrond.
Pellegrin ✻, attaché au Ministère des Affaires étrangères.
Ebrard-Saint-Ange ✻, publiciste.
Nicolle (Paul) ✻, publiciste.
Trouillet, publiciste.
Bertrand ✻, capitaine de Frégate.
Maidon ✻, sous-chef de bureau aux Colonies.
Ossian-Bonnet, sous-chef de bureau aux Colonies.
Bing (Ch.), négociant.
Mesner, négociant.
Paraff, négociant,

Secrétaire.

M. Colin, secrétaire adjoint de la Commission d'organisation.

QUATRIÈME COMITÉ

NOUVELLE-CALÉDONIE — NOUVELLES-HÉBRIDES
TAHITI ET DÉPENDANCES

Président.

M. de Lanessan, député, délégué de la Nouvelle Calédonie.

Vice-Président

M. Guillot (Louis), député

Membres.

MM. **Raoul** ✻, pharmacien principal de la Marine.
Simon ✻, auditeur au Conseil d'État.
Franck-Puaux, délégué de Tahiti au Conseil Supérieur des Colonies.
Higginson ✻, délégué de la Nouvelle Calédonie à l'Exposition permanente.
Maunoir ✻, secrétaire général de la Société de Géographie.
de Lavergne ✻, chef de bureau.
Follet ✻, chef de bureau.
Jore d'Arce sous-chef de bureau.
Costa, ancien lieutenant de vaisseau.
Aron O. ✪, trésorier de la Société française de colonisation.
Gautier (Emile), publiciste.
Cotteau (Edmond), explorateur.
Petit, sous-chef de bureau.
Gardey, ancien chef de bureau aux Colonies.
Adet (Edouard), industriel de la Nouvelle Calédonie.
Moriceau, administrateur colonial.

Secrétaire.

M. Giocanti.

CINQUIÈME COMITÉ

COCHINCHINE — CAMBODGE — ANNAM ET TONKIN

Président.

M. Faure (Félix) ※, député, ancien sous-secrétaire d'État aux colonies.

Vice-président.

M. Chabrier ※, administrateur de la compagnie générale transatlantique.

Membres.

MM. Haussmann ※, chef de division.
Foulhoux ※, architecte, délégué de la Cochinchine.
Fabre, architecte, délégué du Cambodge.
de Fontvielle, délégué de l'Indo-Chine.
Meyer (E.) ※, auditeur au Conseil d'État.
Danel ※, inspecteur de l'Administration des colonies.
Wickam ※, vice-président de la Société française de colonisation.
Rueff ※, administrateur des messageries fluviales.
Fouchet, banquier.
Foy, sous-chef de bureau.
Melon (Paul), sous-chef de bureau.
Villequez, négociant.
Filippini, négociant.
Meiffre, négociant.
Brau de Saint-Pol-Lias.

Secrétaire.

M. de Bourguet.

SIXIÈME COMITÉ

EXPOSANTS COLONIAUX RÉSIDANT DANS LA MÉTROPOLE

Président.

M. **Dislère** C. ✸, conseiller d'État,

Vice-président.

M. **des Tournelles** ✸. ✸ ingénieur, commissaire-adjoint de l'exposition coloniale.

Membres.

MM. le docteur **Hardy** ✸.
 Gambey ✸, chef de bureau.
 Hetzel ✸, éditeur.
 Tréfeu ✸, publiciste.
 Sacerdot (Max) ✸, publiciste.
 Peghoux O. ✸, vice-président de la société de géographie commerciale.
 Vermot, sous-chef de bureau.
 Le Boul ✸, sous-chef de bureau.
 Blum F. ✸, négociant.
 Ducret ✸, négociant.
 Beleys, négociant.
 Coulon (Ch.), négociant

Secrétaire.

M. **Bouchez** (Pierre).

DÉLÉGUÉS DES COLONIES

ET PAYS DE PROTECTORAT

Fleury ✸, Martinique.
X....., Guadeloupe.
Gachet ✪, Guyane.
Salomon, Saint-Pierre et Miquelon.
Noirot, Sénégal.
Vallon (amiral) C. ✸, Sénégal.
Avinene ✸, Gabon-Congo.
Péan (O.), Gabon-Congo (adj.).
Disnematin-Dorat O. ✸, Côte de Guinée.
Jacob de Cordemoy, Réunion.
Poulain ✸, Inde française.
Tréfeu ✪, Obock.
Crozier, Mayotte et Comores.
Couturier O. ✸, Nossi-Bé.
Gauharou, Nouvelle-Calédonie.
Higginson ✸, Nouvelles Hébrides.
Frank-Puaux, Tahiti et dépendances.
Fabre, Cambodge.
Foulhoux ✸, Cochinchine.
Huyvenaar, Cochinchine (adj.).
François, Annam et Tonkin (adj.)

PALAIS CENTRAL DES COLONIES

Le palais central est édifié sur l'Esplanade des Invalides, du côté de la rue de Constantine et dans la partie située entre la rue Saint-Dominique et la rue de l'Université.

Cette construction, qui mesure 65 mètres de longueur sur 18 mètres de largeur est construite en bois sur soubassement en briques. Le dôme central, en raison de sa grande hauteur, a été muni d'une armature en fer.

La charpente est apparente intérieurement et extérieurement et l'ensemble est peint de couleurs vives, dans le goût colonial.

La porte principale est décorée de panneaux sculptés représentant des fleurs et des fruits coloniaux. Elle est flanquée de deux avant-corps affectés aux postes des troupes indigènes de service à l'Exposition Coloniale.

La façade principale porte les écussons de nos colonies à l'endroit correspondant à la place qu'elles occupent dans l'intérieur.

La distribution intérieure consiste en une salle centrale couronnée d'un dôme sur plan carré, dont le sommet atteint 30 mètres d'élévation, puis en deux grandes salles d'exposition, flanquées, aux angles, de tourelles dans lesquelles sont les escaliers donnant accès aux galeries circulaires du premier étage.

Grâce à ces galeries, la surface totale d'exposition, non compris les murs, s'élève à 2208 mètres carrés.

Le palais central a été construit sous la direction de MM. Sauvestre, architecte et des Tournelles, ingénieur, commissaire-adjoint.

En raison de la surélévation du palais, l'architecte a pu ménager dans l'axe du dôme central, deux étages de bureaux où est établi le commissariat-général.

L'entrée de ces bureaux se trouve du côté des quinconces de la rue de Constantine.

Le pavillon d'honneur est occupé par une partie de l'Exposition permanente des colonies, le complément de cette section se trouve au premier étage; immédiatement au-dessus des bureaux.

Dans ce pavillon d'honneur on a réuni en une grande pyramide centrale les principaux spécimens des divinités et des fétiches des colonies. Autour sont groupées des collections de bois sculptés, laqués et incrustés, de bronzes et métaux, d'armes, de céramiques, d'instruments de musique, de modèles de barques et moyens de navigation, d'habitation, de transport.

Dans la salle du haut figurent les costumes populaires, les fibres végétales, les laines et les tissus qui en dérivent, les soies grèges et travaillées, les tissus et applications, les produits de la chasse et des cueillettes, la tabletterie, la maroquinerie et la vannerie, les vêtements et accessoires de l'habillement, les armes blanches, la joaillerie et l'orfèvrerie.

En un mot, sont groupés par classes, les principaux spécimens de la production et de l'etnographie coloniale, représentant une partie de l'Exposition permanente.

En entrant dans l'aile gauche du palais, au rez-de-chaussée, on trouve les produits d'Assinie, du Gabon-Congo, du Sénégal, l'exposition de la transformation des matières premières coloniales, les collections des missions coloniales, de la Martinique, de la Guyane, de St-Pierre-Miquelon et d'Obock.

Dans l'aile droite, on trouve réunies l'exposition des Nouvelles Hébrides, de M. Blumgara de l'Inde, de la Réunion, de Mayotte, de Nossi-Bé, de la Nouvelle-Calédonie et de l'administration pénitentiaire, de Tahïti, de l'Inde et des sections du Génie civil.

Au premier étage, sont installées l'exposition de l'Alliance française, celle de la société française de colonisation, de l'Instruction publique aux colonies et la bibliothèque coloniale.

EXPOSITION PERMANENTE DES COLONIES

PALAIS DES COLONIES

SALON D'HONNEUR ET SALLE CENTRALE DU 1er ÉTAGE

PREMIER GROUPE

CLASSE II

1. **Sénégal.** — Vues diverses, et types indigènes.
2. **Inde.** — Aquarelles représentant le drame de Sarangadaram, le Joseph Indien. — Aquarelles représentant des divinités. — Peintures sur talc représentant des oiseaux. — Peintures sur talc représentant divers corps de métiers.
3. **Nouvelle-Calédonie.** — Dessins Kanacks anciens, faits avec le feu sur feuilles de Niaouli.

CLASSE III

4. **Sénégal.** — Statuettes fétiches. — Masques sculptés.
5. **Porto-Novo.** — Masques en bois de féticheurs. — Sièges fétiches.
6. **Gabon.** — Collection de fétiches.
7. **Cochinchine.** — Statuettes de Bouddha. — Tableaux en bois sculpté.
8. **Cambodge.** — Lions et chimères en pierre des ruines d'Angkor. — Sculptures provenant de la mission Lagrée.
9. **Annam et Tonkin.** — Bouddha sculptés, laqués et dorés.
10. **Inde.** — Divinités en granit provenant de divers temples. — Fragments de l'antique char de Bahour. — Bas-reliefs en bois sculpté. — Temples et monuments sculptés en « sola ». Lingam sculpté en pierre. Tête de cerf en bois sculpté.
11. **Tahiti.** — Grandes idoles en pierre sculptée des Tubuaï.
12. **Nouvelle-Calédonie.** — Tabous ou ornements sculptés des Cases.

CLASSE IV

13. **Cambodge.** — Fragments et surmoulés des ruines d'Angkor, (mission de Lagrée).

CLASSE V

14. **La Réunion.** — Album de lithographies.

DEUXIÈME GROUPE

CLASSE VIII

15. **Exposition permanente des Colonies.** — Herbiers des diverses Colonies. — Musées commerciaux comprenant les marchandises d'importation aux diverses Colonies.

CLASSE X

16. **Tonkin.** — Papiers à écrire ; papiers pour diplômes, pour cérémonies funèbres, etc. — Enveloppes diverses. — Produits divers pour lavis et aquarelles.

CLASSE XII

17. **Exposition permanente des Colonies.** — Photographies de vues et de types indigènes des Colonies.

CLASSE XIII

18. **Sénégal.** — Balafons, flûte bambara, guitares, tamtams divers, violons.
19. **Gabon.** — Instruments divers.
20. **Cochinchine et Cambodge.** — Flûtes, gongs, guitares, harpes, tambours, tambourins.
21. **Annam-Tonkin.** — Instruments divers, cloches, gongs, grelots.
22. **Inde.** — Instruments à anche, etc.
23. **Réunion.** — Valien, Sandie.
24. **Mayotte et Nossi-Bé.** — « Coche » Instrument porté au mollet. — Flûte des sakalaves.
25. **Nouvelle-Calédonie.** — Conques marines.

CLASSE XV

26. **Tonkin.** — Instruments de pesage.
27. **Mayotte et Nossi-Bé.** — Instruments de pesage.

CLASSE XVII

28. **Guyane.** — Meubles indigènes.
29. **Sénégal.** — Meubles indigènes.
30. **Côte Occidentale d'Afrique.** — Meubles indigènes.
31. **Indochine française.** — Incrustations, meubles laqués et incrustés.
32. **Inde.** — Table sculptée en bois de porcher. — Fauteuils sculptés en bois de porcher (Thespesia populnea).
33. **Indochine française.** — Tentures et devant d'autel pour services religieux.

CLASSE XX

34. **Guyane.** — Ecuelles, gargoulettes, jarres, poteries indiennes, potiches.
35. **Martinique.** — Poteries en terre blanche et en terre rouge.
36. **Guadeloupe.** — Poteries de Saint-Martin.
37. **Sénégal.** — Fourneaux, gargoulettes de Dagana, pipes, vases à fleurs.
38. **Gabon-Congo.** — Poteries anciennes rapportées par M. de Brazza : poteries noires de la Rivière de Gouabri ; vase en terre cuite du Cap Esterias.
39. **Porto-Novo.** — Grandes jarres.
40. **Cochinchine.** — Balustres, carreaux terres cuites, tuiles antéfixes.
41. **Annam-Tonkin.** — Grès cérames avec ou sans couvercle.
42. **Réunion.** — Alcaraza.
43. **Mayotte et Nossi-Bé.** — Sadjeas des Comores.
44. **Nouvelle-Calédonie.** — Poteries Kanaques. — Vases en terre noire de San spiritu santo.

CLASSE XXV

45. **Cochinchine.** — Statues et statuettes en cuivre.

46. **Inde.** — Collection de statuettes anciennes en cuivre.
47. **Annam-Tonkin.** — Bouddhas et statues.

CLASSE XXIV

48. **Guyane.** — Calebasses ou couis, cuillers en bois des Indiens, manarets ou tamis à fécule, pagaras en paille d'Arouma.
49. **Martinique.** — Boîtes en palmier épineux, calebasses de crescentia cujete, suspensions et vases en racines de fougères sculptées.
50. **Guadeloupe.** — Calebasses gravées, calebasses ou couis de crescentia cujete.
51. **Sénégal.** — Calebasses, gris gris, Machtoumés.
52. **Cochinchine et Cambodge.** — Boîtes à bétel, boîtes à thé, paniers à provisions, pipes.
53. **Inde.** — Boîtes à gants, en bois de bith, boîtes de Sandal sculpté.
54. **Réunion.** — Corbeilles en bambou et en paille de « Carludovica, palmata » et de latania borbornica, objets en bois tourné, tentes en paille de latanier etc.
55. **Mayotte et Nossi-Bé.** — Tentes en paille de riz.
56. **Tahïti.** — Ornements en pia, ouvrages de vannerie.
57. **Nouvelle-Calédonie.** — Peignes indiens.

QUATRIÈME GROUPE

CLASSE XXX

58. **Guyane.** — Cotons préparés et filés par les Indiens Oyampis.
59. **Sénégal.** — Bandes pour pagnes, bonbons, pagnes de Galam, pagnes en coton et tissus de coton pur et mélangé. Pagnes des Sarracolets.
60. **Inde.** — Châles indiens, chomins fils et coton, mousseline, pagnes, pièces de Guinée.

CLASSE XXXI

61. **Guyane.** — Serviettes en fibres de bananier.
62. **Porto-Novo.** — Etoffe de paille de mandine et de coton.
63. **Cochinchine et Société « La Ramie française. »** — Ramie, fils de diverses préparations, façon laine, façon soie;

fils teints, tissus de ramie et coton, ramie et soie, linge de table.
64. **Mayotte et Nossi-Bé.** — Rabanes en paille de raphia.
65. **Tahïti.** — Fil de piripiri, tapas ou étoffes en écorce d'arbres.
66. **Nouvelle-Calédonie.** — Tapas en écorce de ficus.

CLASSE XXXII

67. **Sénégal.** — Tapis maures en laine.

TROISIÈME GROUPE

CLASSE XXXIII

68. **Cochinchine.** — Frisons et soie grège ; langoutis. — Tissus de soie.
69. **Cambodge.** — Sampots tissés par les femmes indigènes.
70. **Annam-Tonkin.** — Doupions, frisons, soie grège, tissus de soie.
71. **Inde.** — Étoffes de soie unies et brochées, pagnes de soie, soie grège et moulinée.

QUATRIÈME GROUPE

CLASSE XXXIV

72. **Inde.** — Broderies d'or, d'argent, de soie, tapisseries.
73. **Cochinchine et Cambodge.** — Broderies et tapisseries.
74. **Annam-Tonkin.** — Broderies et tapisseries.

CLASSE XXXV

75. **Inde.** — Éventails indiens ou Waris-Waris, colliers divers en graines de « ouabé » et de « chéri-chéri ». — Éventails divers.
76. **Cochinchine et Cambodge.** — Écrans en écaille, éventails.
77. **Réunion.** — Éventails en bambou et en paille.

CLASSE XXXVI

78. **Guyane.** — Chapeau, berceau des femmes Oyampis ; couronnes en plumes pour la danse, couyou ou tablier des femmes indiennes, diadèmes en plumes. — Tour de tête avec queues et gorges de toucan.

79. **Cochinchine et Cambodge.** — Chapeaux, chaussures, habits Salakos.
80. **Inde.** — Chaussures d'hommes et d'enfants, langoutis, turbans.
81. **Réunion.** — Chapeaux d'hommes et de femmes.
82. **Tahïti.** — Jupes ornées de fibres diverses, panaches, vêtements en « rêva-rêva » pellicules de la feuille naissante du cocotier.
83. **Nouvelle-Calédonie.** — Coiffures d'hommes, plumets, tours de reins pour femme.
84. **Guyane.** — Modèle de costumes indigènes. — Chef Roucouyenne.
85. **Martinique.** — Madras de négresse. — Modèles de costumes populaires.
86. **Guadeloupe.** — Modèles de costumes populaires.
87. **Saint-Pierre et Miquelon.** — Modèles de costumes populaires.
88. **Sénégal.** — Guerrier. — Modèles de costumes indigènes.
89. **Gabon.** — Costumes de féticheur.
90. **Cochinchine.** — Modèles de costumes indigènes.
91. **Inde.** — Modèles de costumes indigènes.
92. **Mayotte et Nossi-Bé.** — Modèles de costumes indigènes.
93. **Tahïti.** — Modèles de costumes indigènes.

CLASSE XXXVII

94. **Cochinchine et Cambodge.** — Bijoux.
95. **Inde.** — Bijoux.
96. **Sénégal.** — Bijoux.

CLASSE XXXVIII

97. **Guyane.** — Arcs, boutous ou casse-tête, flèches, flèches à curare.
98. **Sénégal.** — Arcs, flèches, boucliers, haches, lances, poignards, sabres, sac à plomb, sagaies.
99. **Gabon-Congo.** — Arbalètes, boucliers, carquois, casques, flèches, haches de sacrifices, javelots, poignards, sagaies.
100. **Cochinchine.** — Arcs, épées de combat dans un fourreau incrusté, lances, sacs à balles.
101. **Annam-Tonkin.** — Armes, sabres.
102. **Inde.** — Boucliers indiens, épées, haches, poignards, sabres.

103. **Tahïti**. — Casse-tête.
104. **Nouvelle Calédonie**. — Casse-tête, frondes, haches.

CLASSE LX

105. **Inde**. — Jouets variés servant aux récréations des enfants indiens. — Figurines en bois moulé représentant les diverses castes et métiers et servant à l'instruction des enfants.

CINQUIÈME GROUPE

CLASSE XLI

106. **Inde**. — Plats et objets en cuivre.
107. **Cochinchine**. — Quincaillerie, tings, brûle-parfums en cuivre.
108. **Tonkin**. — Plats et objets en cuivre.

CLASSE XLII

109. **Guyane**. — Bois.
110. **Gabon**. — Bois.
111. **Nouvelle-Calédonie**. — Bois.

CLASSE LXIII

112. **Guyane**. — Oiseaux en peau.
113. **Gabon**. — Défenses d'éléphants. — Gorille et singes divers.
114. **Cochinchine**. — Défenses d'éléphants. — Cornes de buffles, d'antilopes, de cerfs, etc. — Carapaces de torteus.
115. **Guadeloupe**. — Pièges et engins de pêche.
116. **Saint-Pierre et Miquelon**. — Engins de pêche.
117. **Sénégal**. — Collection de gomme. — Oiseau en peaux.
118. **Sénégal et Gabon**. — Fourrures et pelleteries.
119. **Cochinchine**. — Pièges et engins de pêche.
120. **Tahïti**. — Coraux et huîtres perlières.

CLASSE XLIV

121. Collection des textiles des diverses colonies. — Tabacs de diverses colonies.

SIXIÈME GROUPE

CLASSE L

Instruments agricoles : types modèles de diverses colonies.

122. **Annam Tonkin**. — Collection des moyens de transport de diverses colonies (instruments et modèles) harnachements annamites. — Palanquins.

CLASSE LXV

123. **Réunion**. — Plan du port de la Réunion.
124. **Diverses Colonies**. — Collection de barques, canots, etc.

SEPTIÈME GROUPE

CLASSE LXXII

125. Cafés; cacaos des diverses colonies.

HUITIÈME GROUPE

CLASSE LXXIV

126. Modèles de fermes, habitations et huttes de diverses colonies.

EXPOSANTS DE LA MÉTROPOLE

PALAIS DES COLONIES
REZ-DE-CHAUSSÉE ET GALERIES

127. Alliance française, association nationale pour la propagation de la langue française dans les colonies et à l'étranger. (Reconnue d'utilité publique). Siège à Paris, 27, rue St-Guillaume.

Cahiers d'élèves et travaux divers envoyés par les écoles françaises des colonies et de l'étranger. — Cartes de géographie, plans, photographies, collections de livres et journaux français publiés hors de France. (Classes 6, 9, 12).

128. Babet frères et Cie, à Saint-Pierre (la Réunion), représentés par M. Delsol, 7, rue de Beaune, Paris.

Haricots, lentilles, pois, embériques jaunes, cafés pointus et ronds, riz décortiqué, cafés marrons, pain de cire et vanille. (Classes 71, 72).

129. Barbier (F.) **et Cie**, 82, rue Curial, Paris.

Dessins des appareils de phares construits pour les colonies, bouée sonore automatique. (Classe 65).

130. Barbier (Émile).

Tapis mosaïque en drap de troupe (20.000 morceaux découpés et cousus à la main; exécuté à Cayenne). (Classe 21).

131. Bayle, 16, rue de l'Abbaye, Paris.

Cartes géographiques. (Classe 6).

132. Baudoin (Alfred), capitaine d'infanterie de marine en retraite, 12, avenue Bosquet, Paris.

Insectes et bois de diverses colonies. (Classe 8).

133. Blumgara (Framjee-Pestonjee), Pondichéry et Madras.

Fabricant de bijouterie, objets en ivoire, bois de Santal, broderie, rideaux peints, etc. (Classes 8, 17, 31, 32).

18 médailles, or, argent, bronze.

134. Bilbaut (Gaëtan), 20, rue Gérando, Paris.
   Dentifrices au Cachou d'Arec et au Jambonier de l'Inde française. (Classe 45).

135. Bilbaut (Théophile), 2, rue des Brousses, à Paris.
   La céramique des colonies françaises et les céramiques anciennes en général. (Classe 8).

136. Bohin (A.) ✻, capitaine d'infanterie de marine.
   Produit du Tong-King, (cartes et livres). (Classe 9).

137. Bourdon (Pascal), 22, rue Clignancourt, Paris.
   Modèle réduit de la caserne de Saïgon. (Classe 63).

138. Brussaux père et fils, à Nancy.
   Armes et panoplies, collection histoire naturelle. (Congo) (Classes 8-38).

139. Buret (Gabriel), capitaine.
   Coffre en lac de Chine incrusté. (Classe 29).

140. Brau de Saint-Pol Lias (X.), 47, rue de Passy, Paris.
   Collections ethnographiques et industrielles de l'Indo-Chine. (Classe 8).

141. Brau de Saint-Pol Lias (Robert), 47, rue de Passy, Paris.
   Armes, étoffes, instruments et objets divers du Tonkin. (Classes 13-33-38).

142. Cambourg (Baron de), 83, rue de Lauriston, Paris.
   Curiosités de Tananarive. (Classe 8).

143. Challamel (Aimé), 5, rue Jacob, Paris.
   Ouvrages et cartes photographiques. (Classe 12).

144. Chaper, 31, rue St-Guillaume, Paris.
   Tabouret, vase, bague d'Assinie. (Classes 17-20-37).

145. Coffinières de Nordeck, 71, rue de Miromesnil, Paris.
   Panoplies et bronzes d'art. (Classes 25-38).

146. Conquy (A. aîné), 66, rue Lafayette, Paris.
   Collection d'ivoires sculptés. (Classe 29).

147. Cornet.
   Collection de curiosités de Pondichéry. (Classe 8).

148. Coulomb. 104, rue de Vaugirard à Paris.
   Collection de conchyliologie Néo-Calédonienne de M. Lambert. (Classe 13).

149. **Coulon** (Hugues), 8, rue des Écoles, Paris.
Cloche de la pagode de Langson. (Classe 25).

150. **Crédit foncier colonial**, 28, rue Bergère, Paris.
Produits alimentaires de la Réunion. (Classe 67-71).

151. **Crié**, professeur à la Faculté des Sciences de Rennes.
Paléontologie végétale des colonies françaises et pays de protectorat. (Classe 8).

152. **Decœur**, capitaine d'Artillerie de marine, officier d'ordonnance du Ministre.
Armes et objets provenant des îles du groupe du sud-ouest de l'archipel des Marquises. (Classe 38).

153. **Delpy** (E.).
Dessins de la Flore forestière de la Cochinchine. (Classe 30).

154. **Dickson et Cie**, manufacture fondée en 1837 à Dunkerque.
Toiles à voiles. — Toiles à bâches. — Toiles pour équipements militaires. — Filets de pêche. — Fils de pêche. — Lignes de pêche. — Fils à voiles. (Clases 31-43).
Médaille d'or, Paris, 1844. — Médaille d'or, Londres, 1851. — Médaille d'or, Paris, 1851. — Médaille d'or, Paris, 1867. — Médaille d'or, Anvers, 1885. — Diplôme d'honneur, Le Havre, 1888.

155. **Diehl** (Frédéric).
Soieries de Saïgon. (Classe 33).

156. **Dodin-Dubreuil** (Mme), 15, cité des Fleurs, Paris.
Collection ethnographique de l'Inde.

157. **Eudel** (P.), et (A.) **Larrey**, 20, rue des Petites-Écuries, Paris.
Vanilles de la Réunion, graines de Ravensara de la Réunion (Classe 72).

158. **Faucon** (Mme), 26, rue de Navarin, Paris.
Collection ethnographique d'objets de la Cochinchine.

159. **Fontaine** (Louis), à La Madeleine les-Lille.
Appareil à tafia sans force motrice. (Classe 50).

160. **Foret**, à Louhans (Saône-et-Loire).
Ouvrage sur le haut Sénégal avec cartes. (Classe 9).

161. **Fulconis** (Louis-Pierre-Victor), 15, avenue de Ségur, Paris.
Tableau à l'huile; rivière du fort Saint-Pierre, Martinique. — Quatre chassis aquarelles et dessins. (Classe 2).
Médaille à Londres 1874, médaille à Amsterdam 1883, médaille à Anvers, 1885.

162. **Cambey** (C.), 33, rue d'Hauteville, Paris.

Une hache de pierre (Nouvelle-Calédonie). (Classe 38).

163. **Gambey** (père).

Cartes géographiques et photographiques des colonies. (Classes 12-16).

164. **Gréa** (E.), 25, rue Galilée, Paris.

Habitation de D'zoumogué, île Mayotte. (Classe 6). Échantillons de sucre, rhum, café, cacao, caoutchouc. (Classes 43-72).

165. **Guillot**, 5, place St-Michel, Paris.

Collection d'histoire naturelle. (Classe 8).

166. **Haussmann**, chef du cabinet du sous-secrétaire d'État aux Colonies. — Statistiques coloniales de 1831 à 1887. (Classe 9).

167. **Heckel** et **Schlagdenhauffen**, 31, cours Lieutaud, Marseille.

Drogues végétales des colonies françaises. (Classe 8).

168. **Higginson** (John), à Nouméa (Nouvelle-Calédonie), actuellement en résidence à Paris, 8, rue de la Paix.

Nickel, cuivre et cobalt.

Médaille d'or à l'Exposition universelle de 1878.

169. **Janet**, ingénieur à Guérigny (Nièvre).

Plan en relief du Delta (Tonkin). — Collection d'insectes, (classes 8-63).

170. **Joret** (Henri).

Fruits divers, défenses de poissons, de sanglier et d'hippopotame. (Classes 43-71).

171. **Joudou-Bell**, 44, boul. La-Tour-Maubour, Paris.

Catalogue officiel de l'Exposition coloniale. (classe 9).

Médaille de bronze, Barcelone 1888. — Médaille d'argent Bruxelles 1888.

172. **Levat** (Société anonyme, Le Nickel).

Minerais de nickel et de cobalt. (Classe 41).

173. **Lambert** (Rev. P.).

Collection de conchyliologie. (Classe 8).

174. **Langard**, 17, avenue Trudaine, Paris.

Ouvrages sur le Commerce et l'industrie aux Colonies. (Classe 9).

175. **Laurenge** (Marcel), entrepreneur de travaux publics, 3, rue Marais. Lille.

Produits forestiers de la Guyane. — Échantillons bruts et travaillés. (Classe 42).

Médaille d'Or, Anvers, 1885.

176. Lapeyrère, pharmacien de la marine, à Saint-Denis (la Réunion), représenté par M. Delsol, 7, rue de Beaune, Paris.

Mussaenda (succédané du café). Vin, eau de vie de vin de canne à sucre, alcool, eaux minérales et autres produits.

177. Lefèvre et Cie, 10, rue Érard, Paris.

Voiture métallique pour téléphone militaire aux Colonies. (classe 62).

178. L'Épine (M.) et Cie. — *Compagnie de fabrication française du nickel*, 64, rue de Turenne, Paris.

Nickel pur en plaque, brut et ouvré, nickel allié. Nickel plaqué sur acier (classe 41).

Médaille d'or, d'Anvers 1885.

179. Lequeux (Jacques), architecte, 44, rue du Cherche-Midi, Paris.

Projets de constructions coloniales : Palais, résidences, maisons etc., (classe 63).

Médaille et croix d'officier du Dragon vert de l'Annam, à l'Exposition d'Hanoï. — Médaille à l'Exposition de Barcelone.

180. Leroux (Gaston), statuaire, 112, boul. Malesherbes, Paris.

Portraits de Dupleix, général Faidherbe, Paul Bert et M. Schoelcher. Bustes en plâtre, (classe 3).

181. Longueteau, 2, rue Washington, Paris.

Albums : fruits de la Guadeloupe. (Texte et dessins) (classe 9).

182. Louis Henrique, commissaire général de l'Exposition coloniale.

Notices coloniales illustrées (20 volumes), (classe 9).

183. Machenaud.

Pianos fabriqués avec des bois du Gabon-Congo, (classe 13).

184. Mante et Borelli de Regis.

Produits des côtes occidentales et orientales, (Afrique et Madagascar), (classe 17).

185. Marcqual.

Tarifs des douanes. (France, colonies et Pays de protectorat), (classe 9).

186. Martin (Charles), 104, rue Lafayette, Paris.

Vanille, (classe 72).

187. Messageries Fluviales de Cochinchine, 9, rue Bergère, Paris.

Type des vapeurs de la compagnie. Cartes des itinéraires de ces services (classes 16-65).

188. **Messier**, (Edgard de Saint-James).
   Collection de photographies de l'Annam et du Tonkin, (classe 12).
189. **Michaux** (Mme veuve), 154, avenue de Clichy, Paris.
   Collection ethnographique de diverses colonies.
190. **Mines du Nord de la Nouvelle-Calédonie**, 63, rue de la Victoire, Paris.
   Échantillons de minerais, (classe 41).
191. **Natton** (J.), 35, rue Coquillière, à Paris.
   Divers produits pharmaceutiques provenant des Colonies et **Pays** de Protectorat et notamment le kola (classe 45).
192. **Parent** (Frédéric).
   Flore et ornithologie coloniales, (classe 8).
193. **Pelet** (Paul).
   Nouvel Atlas de Colonies françaises et Pays de protectorat (classe 16).
194. **Pelisson** (père et fils). Cognac.
   Fiore Tonkinoise, Liqueur, (classe 73).
195. **Pierre** (L.).
   Flore forestière de la Cochinchine. Rhum Pichonii, (classe 8-73).
196. **Pillet** et **Schmidt**, 245, rue Marcadet. Paris.
   Modèle d'habitation en bois, fer et briques, dessins, (classe 63).
197. **Porte** (Alphonse), 16, rue Neuve, Toulon.
   Échantillon de charbon de la Nouvelle-Calédonie, (classe 41).
198. **Poulain**.
   Objets de curiosité provenant de l'Inde française, (classe 8).
199. **Prevet** (Ch. et Cie), 48, rue des Petites-Écuries, à Paris.
   Conserves de viande fabriquées à Gomen. (Nouvelle-Calédonie), (classe 70).
200. **Raffard**, 226, rue Saint-Denis, Paris.
   Soie provenant du Tonkin, (classe 33).
201. **Raux** et **Levieux**.
   Cornes de Buffles du Tonkin, (classe 43).
202. **Raffin** frères et **Dumarest**.
   Produits d'importation et d'exportation, (classe 8).
203. **Renard** (Édouard).
   Objets divers de curiosité, (classe 8).

204. Ribes (François), aide-médecin de la marine, Toulon.
>Album de dessins et photographies, avec texte, sur le Sénégal, le Gabon et les côtes de Guinée, (classes 11-12).

205. Richard (Julia).
>Atlas colonial illustré (classe 16).

206. Richard (Jules).
>Modèles réduits de wagonnets à bascule pour extraction minière, (classe 63).

207. Robert (Julien), 3, rue du Mont d'Or, Paris.
>1° *Drague spéciale pour dérochement* (système Julien Robert).
>Ce qui distingue plus particulièrement cet appareil, c'est un outil tranchant, sorte d'immense burin, que l'on enfonce dans le banc de rocher à draguer, pour transformer ce rocher en déblai friable. Le degré d'enfoncement se règle à volonté et selon la nature de la roche.
>Arrivé à la profondeur déterminée, l'outil se déplace en avant et suit une direction rectiligne ou curviligne pour détacher les parties tranchées et les pousser sous les godets de la drague.
>2° *Appareil rotatif, pour le traitement des terrains aurifères et la séparation entièrement mécanique de l'or.* (Système Julien-Robert). (classe 63).
>Cet appareil fonctionne automatiquement et se manœuvre avec la plus grande facilité, son mouvement est continu et n'exige aucun arrêt pour recueillir l'or. La séparation de l'or des matières étrangères se fait mécaniquement et à l'aide de projections d'eau sous pression. L'emploi du mercure est complètement supprimé.
>On peut adapter cet appareil à tous les outils employés pour le déblaiement dans les placers : escavateurs, dragues, etc. Il fonctionne aussi bien à bras d'homme qu'à l'aide d'un moteur mécanique.

208. Rolland de Kerssang.
>Collection d'oiseaux des colonies (classe 43).

209. Roullet (Gaston), 34, rue de Lille, Paris.
>Tableaux et aquarelles (vues du Tonkin et de l'Annam) (classe 2).

210. Rousselot.
>Collections d'instruments et d'armes caraïbes (classes 38-49).

211. Roussin (Georges).
>Tableaux à l'huile et au pastel, (classes 1-2).

212. Rouzaud.
>Collection ethnographique (classe 8).

213. **Sénéchal** (Georges), 70, avenue de Villiers, **Paris.**
Organisation et défense des villages de colonisation. (classe 18).
Amsterdam 1883, M.-H. — Anvers, 1885. M.-A. — Paris 1886, M. Vermeil,

214. **Simon** (J.-L.)
Photographie d'un établissement du Tonkin, (classe 12).

215. **Société Anonyme des gisements d'or de St-Elie.** (Guyane Française), 15, place Vendôme. Paris.
Or natif en pépites et en poudre, quartz riches. Echantillons de minerai d'or, (classe 41).

216. **Société Decauville aîné.** Petit-Bourg (Seine-et-Oise).
Spécimens réduits de voies et wagonnets pour le transport de la canne à sucre. (classe 61).
24 premiers prix dans les 24 concours spéciaux. — 37 médailles d'or. 24 Diplômes d'honneur: Croix de Chevalier de la Légion d'honneur; Croix de Chevalier de la Couronne d'Italie; Croix de Chevalier de l'Ordre de Charles III d'Espagne; Croix de Comman. deur de l'Ordre du Nicham de Tunisie; Croix d'officier de l'Ordre Impérial du Dragon de l'Annam, etc.

217. **Société Française des Laques du Tonkin**: Président M. Brau de St-Pol Lias, — représentants: au Tonkin, M. de Boisadam; à Paris, M. Perier-Lefranc.
Siège Social, 47, rue de Passy, Paris.
Collection de laques brutes et préparées, d'objets laqués en Extrême Orient et à Paris et d'objets divers se rapportant à la récolte et à l'industrie de la laque, (classe 29-43).

218. **Société Française de Colonisation.**
Cartes, photographies, bulletins de la Société (classes 9-12-16).
Bruxelles 1888. M.-O. Barcelone 1888. M. O.

219. **Société normande de géographie**, à Rouen, hôtel des Sociétés Savantes, 40 bis, rue St-Lô.
Bulletin de la Société (1879-1888), (classe 9).

220. **Schwister** (L.), 70, rue Turbigo, Paris.
Coraux pour l'exportation, (classe 43).

221. **Tanès** (Paul) 166, rue Cardinet, Paris.
Collection ethnographique de diverses Colonies.

222. **Thuillier et Virard**, teinturiers à Darnétal (Seine-Inférieure).
Portières du Salon d'honneur et du Théâtre Annamite.

223. **Verminck** (C. A). Marseille.
　　　Graines oléagineuses, huiles et tourteaux, (classe 44).
　　Médaille d'or, Exposition Universelle de 1878.
224. **Vernaudon** (Georges-Eugène), à Bordeaux, et **Vernaudon** (Jules), 6, rue St-Georges, Paris.
　　Dessins, photographies pour travaux importants, spécialement pour ports, amélioration de navigation et travaux maritimes en général. Dragues avec appareils désagrégeant, aspirant et refoulant les déblais. (Nouveau système Vernaudon frères, breveté S. G. D. G. en France et à l'Etranger). Divers matériels pour travaux coloniaux. (Classes 11, 12, 63).
225. **Weber** (Frédéric-Claude), au Château d'Oléron.
　　Plan en relief de la Nouvelle-Calédonie. (Classe 16).

EXPOSANTS DE LA MÉTROPOLE

DANS LES JARDINS

226. **Beaudoin**, 38, rue de Berri, Paris.
  Produits frais et comestibles coloniaux (classe 1).
227. **Billes-Meyer** et **Bombes Promsy**. — *Fabriques réunies des sirops mousseux*. — 14, rue du Cardinal-Lemoine, Paris.
  Fabrication complète de limonade d'exportation, sodas et sirop champagnisés (classe 72).
228. **Brunswick**, 63, rue d'Anjou.
  Produits et comestibles du Tonkin et de l'Annam. — Parfumerie coloniale (classes 28-71).
229. **Brunswick** (Mme) 31, rue du 4-Septembre, Paris.
  Produits et comestibles coloniaux, (classe 71).
230. **Cahen** (N.) 33, faub. Saint-Martin, Paris.
  Objets du Tonkin, (classe 8).
231. **Calvet** (Mme) 21, avenue La Bourdonnais, Paris.
  Comptoir de vente de produits coloniaux (classe 8).
232. **Compagnie française de l'Afrique Occidentale**. Siège Social : Marseille 44, rue de Breteuil, agence à Paris, 119, rue Montmartre.
  Produits africains, objets divers de fabrication indigène. Cartes inédites de E. Destouches (classe 8).
233. **Durand-Ulbach**, 1, cité d'Antin, Paris.
  Café restaurant Créole, (classe 63).
234. **Franconie** (Mme) 134 faub. Poissonnière, Paris,
  Produits comestibles et liqueurs de la Guyane (classes 71-72).
235. **Gaffet** (A.) 5, rue Victor Massé, Paris.
  Théâtre Annamite, (classe 63).
236. **Garlin**, 1, rue Royale, Paris.
  Glaces aux fruits coloniaux (classe 71).
237. **Guillain**, 30, rue Bergère.
  Pâtisserie coloniale (classe 67).

238. **Hédiard**, 21, place de la Madeleine, Paris.
Fruits et comestibles coloniaux (classe 71).

239. **Hugedé** (P.-L) ✳, hygiéniste breveté S. G. D. G. pour habitations anciennes et modernes, 8, rue du faubourg St-Honoré, Paris.
Maison démontable à l'abri de la chaleur, du froid et de l'humidité (classe 64).

240. **Izambert**, 91, Boulevard Diderot, Paris.
Serre coloniale, (classe 78).

241. **Lameth** (Comte de), 113, rue de l'Université, Paris.
Propriétaire de l'habitation Chalvet, Martinique. Dépôt principal, château de Londigny-Ruffec, (Charente).
Rhum et Schrüb, (classe 73).
1re Grande médaille, Le Havre 1887. Hors concours, membre du Jury, Paris, 1888.

242. **Lassalle**, 102, boul. Richard-Lenoir, Paris.
Produits comestibles coloniaux, (classe 71).

243. **Lelubez**, 59, rue des 3 Couronnes, Paris.
Maison Coloniale modèle, (classe 63). — Plantes et végétaux rares, (classe 79).

244. **Lesquivin** (E), 27, rue du Château-d'Eau, Paris.
Murs économiques, tuiles, chaperon en fonte, (classe 63).

245. **Michel**, 12, rue de Sèze, Paris.
Produits coloniaux (classe 71).

246. **Moisant** (Laurent) **Savey et C**^{ie}, 20, boul. de Vaugirard (Paris).
Maison modèle (classe 63).

247. **Parent**, 29, rue des Pyramides, Paris.
Fleurs et objets divers des Colonies, (classe 76).

248. **Pavillon de la Presse Coloniale**.
L'exposition de la Presse Coloniale a été organisée sous le patronage de l'Administration des Colonies, par M. J. Pélissier, du *Moniteur des Colonies et des pays de protectorat*.
Elle occupe le « Pavillon de la Presse Coloniale », qui est consacré exclusivement à cette exhibition d'un caractère tout nouveau, et comprend :
1° Les journaux publiés dans les Colonies et pays de protectorat dont la réunion forme la collection la plus complète et la plus intéressante qu'il soit possible de voir ;
2° Les journaux coloniaux publiés à Paris, les revues et autres

publications périodiques se consacrant particulièrement à l'étude des questions coloniales ;

3° Les Bulletins, comptes-rendus des travaux, etc., des Chambres de Commerce françaises à l'étranger ;

4° Les Bulletins des Sociétés de géographie et autres qui ont pour objet l'étude des questions géographiques, ethnographiques ou coloniales ;

5° Les ouvrages de toute nature, écrits, dessins, cartes, etc., relatifs aux sciences géographiques ou ethnographiques, au commerce, à l'industrie ou à la situation économique de nos possessions d'outre-mer (classe 9).

Le pavilion de la *Presse Coloniale* a été construit par M. Touzet constructeur au Havre et à Fécamp. Les tentures et tapis sortent de la *Maison de Luxe* avenue de l'Opéra.

249. **Pène**, à Bordeaux.

Fruits et conserves des Colonies (classe 71).

250. **Place**, 145, rue St-Antoine, Paris.

Fruits et légumes exotiques, frais et conservés, (classe 71).
Exposition d'horticulture 1884, 1er prix, grande médaille d'argent.

251. **Seing-Leing**, 40, avenue de Wagram, Paris.

Curiosités, étoffes du Tonkin, (classe 8).

ASSINIE

PALAIS DES COLONIES. — AILE GAUCHE

---

252. Chaper, pour la Maison Verdier de Grand-Bassam et Assinie

DEUXIÈME GROUPE

CLASSE XI

Statuettes en bois, fétiches d'Assinie (Art primitif).

CLASSE XII

Photographies du pays d'Assinie, de la plantation de café d'Elima, de types des pays de Grand Bassam et Assinie, des maisons françaises en ces points, etc.

QUATRIÈME GROUPE

CLASSE XXXVII

Bijouterie d'or de Lapou, Jack-Jack. Grand Bassam et Assinie.

CINQUIEME GROUPE

CLASSE XLI

Pépites d'or appartenant au roi d'Assinie et envoyées par lui pour être exposées.

CLASSE XLIV

Huile de palme de Grand Bassam. Amandes de palme d'Assinie.

SIXIÈME GROUPE

CLASSE LIII

Plan des possessions françaises de la Côte d'Or.
Plan de la plantation de café d'Elima, (compagnie française des Cafés assiniens).

SEPTIÈME GROUPE

Boules de Caoutchouc d'Assinie. — Café assinien en cerises. — Café assinien en parche. — Café assinien en fèves.

GABON-CONGO

PALAIS DES COLONIES. — AILE GAUCHE

PREMIER GROUPE

CLASSE XI

253. **Avinenc** (Georges-Victorin), conducteur des Ponts-et-Chaussées, délégué du Gabon-Congo.
    Masque du Como et du Rhamboë. — Masques en bois de la région du Loango. — Pointes d'ivoire sculptées de la région du Loango.

254. **Cousturier** (Paul-Jean-François), Libreville.
    Dents d'éléphants sculptées.

255. **Pecqueur** (Léona), Libreville, ou 157 bis, rue de l'Université, Paris.
    Dents d'éléphants demi-sculptées. — Dents d'éléphants sculptées.

256. **Schlüssel** (Laurent), ingénieur colonial, chef du service des travaux publics. Libreville ou 56, boulevard des Batignolles, à Paris.
    Bois sculpté (Loango).

DEUXIÈME GROUPE

CLASSE VI

257. **Dames de l'Immaculée Conception** (Gabon).
    Chemise de fille (travail des enfants de la mission). — Chemise de garçon. — Marques sur toile ou canevas. — Paire de souliers (faits par les apprentis de la mission). — Pantoufles et broderie. — Robe de petite fille. — Tablier.

258. **Le Berre** (Mgr), évêque des deux Guinées.
    Paire de souliers (faits par les enfants de la Mission).

CLASSE VII

259. **Le Berre** (Mgr), évêque des deux Guinées
Ouvrages en langue M'Pongouée.

260. **Reading** (Joseph), Baraka.
Ouvrages en langue M'Pongouée, Benga-Fan.

CLASSE VIII

261. **Avinene** (Georges-Victorin).
Collection de marchandises de traite de Loango et du Gabon (musées commerciaux).

262. **Gouvernement du Gabon.** — Plantes marines de Mondah.

263. **Pecqueur** (Léona).
Collection de marchandises de traite (musées commerciaux).
Crâne humain (Pahouins).

264. **Service local.**
Collection de marchandises servant à la traite du caoutchouc (musées commerciaux).

CLASSE XI

265. **Avinene** (Georges-Victorin).
Figurines en bois (fétiches), de la région du Loango.

266. **Gouvernement du Gabon.**
Défense d'ivoire sculptée. — Fétiche, avocat royal (Loango). — Fétiches Bakoumi servant à faire pleuvoir ; contre la foudre. — Fétiche de Cail, rivière Massabi (guerre). — Fétiche de Clinkongola (Nord Loango). — Fétiche Kakamoak, rivière Killon. — Fétiche de la femme du chef de Chinanga nouga (Loango). — Fétiche de Longuebod, de guerre. — Fétiche du prince Mafonqui (guerre). — Fétiche du village Chiloango, (nord du Killon). — Fétiche du village Condé, servant à faire pleuvoir. — Fétiche du village Martinique-Loango. — Fétiche du village Loango. — Fétiche du village de N'Binga-Loango. — Fétiche du village de N'Vedo, pointe noire. — Fétiche Loango pour coliques. — Fétiche de Loango pour femme grosse. — Fétiche, pointe noire, de guerre, se met à l'entrée des villages. — Fétiche pour coliques. — Fétiche pour conjurer les projectiles. — Fétiche pour dents. — Fétiche

pour obtenir la nuit. — Fétiche pour oreiller. — Fétiches pour ventre. — Fétiches à suspendre devant les cases Loango. — Fétiche statuette de Condé. — Statuette Chiloango. — Statuette Condé. — Statuette Congo. — Statuettes Loango. — Statuette noire. — Statue prise à Pointe noire.

267. **Lagrange** (B. de). — Fétiches.
268. **Pecqueur** (Léona).
Fétiche pour médecin. — Fétiches. — Masque en bois. — Masque fétiche. — Spectre fétiche. — Sifflet fétiche. — Tigre fétiche. — Monnaie pahouine pour mariage.
269. **Schlüssel.**
Dents fétiches. — Fétiches de guerre. — Fétiches divers. — Visages fétiches. — Monnaies pahouines pour mariage.
270. **Service local.** — **Passa-Alima** (Gabon). — Fétiche obamba (Franceville).

CLASSE XII

271. **Avinenc** (Georges-Victorin).
Photographies du Gabon et des environs.

CLASSE XIII

272. **Avinenc** (Georges Victorin).
Grand Diguila. — Sifflet bacougni. — Guitares de la région du Loango. — Guitares de la rivière Mondah. — Instruments à cordes du Como et du Rhamboë. — Grand tam-tam de la région de Loango. — Tam-tam de danse de la rivière de Mondah. — Tam-tam de danse du Como et du Rhamboë. — Tam-tam de guerre du Como et du Rhamboë.
273. **Gouvernement du Congo.**
Sifflets bacougni. — Guitares Loango. — Castagnettes pour féticheurs. — Sonnettes.
274. **Pecqueur** (Léona).
Musiques. — Musiques boulou. — Musiques gabonnaises. — Sifflets Bacougni de la région du Loango. — Tambour. — Trompette guerrière. — Tam-tam de guerre. — Tam-tams. — Castagnettes. — Clochettes.
275. **Remy.** — Instruments à cordes Adouma. — Musiques d'Adoumas.
276. **Schlüssel.**
Cor pahouin. — Grands tam-tams pahouins. — Tam-tam de

deuil. — Tam-tam de guerre. — Tam-tam pahouin. — Tam-tams ordinaires. — Castagnettes de Loango.

CLASSE XIV

277. **Gouvernement du Gabon.**
Bistouri de médecin avec sonnette.

TROISIÈME GROUPE

CLASSE XVII

278. **Avinenc** (Georges Victorin).
Tabourets de la région de Loango. — Tabourets du Como et du Rhamboë.
279. **Gouvernement du Gabon.**
Sièges Loango, tabourets Loango.
280. **Le Berre** (Monseigneur).
Table de salon en bois du pays. (Travail des apprentis de la Mission). — Chaise de grand Chef.
281. **Pecqueur** (Léona). — Chaise de grand chef.
282. **Remy.** — Dossier de chef obamba. — Tabouret adouma.
283. **Schlüssel** (Laurent). — Siège gabonais.
284. **Service local.** — **Passa Alima** (Franceville). — Sièges obambas.

CLASSE XX

285. **Avinenc** (Georges-Victorin).
Assiette bacougni de la région de Loango. — Grande jarre bakanda de la région de Loango. — Marmite bakanda de la région de Loango. — Plats (Ile d'Annobon).
286. **Gouvernement du Congo.**
Assiette, marmite bakougni. — Vase, poterie bacougni. — Vase de terre (Ile d'Annobon).
287. **Pecqueur** (Léona).
Assiettes pahouines. — Gargoulette. — Vase de terre batéké.
288. **Schlüssel** (Laurent).
Pipes en terre. — Poteries de Loango.
289. **Service local.** — **Passa Alima** (Franceville).
Gargoulette ondoumbo, conque (Onbongui).

CLASSE XXI

290. **Avinenc** (Georges-Victorin).
 Nattes de la région de Loango.
291. **Gouvernement du Congo.** — Natte bakougni.
292. **Lagrange** (Léon B. de). — Nattes.
293. **Pecqueur** (Léona).
 Nattes. — Nattes de pays. — Nattes fines. — Nattes de l'Ogooué. — Nattes des Bakougnis. — Tapis des Bakandas.
294. **Remy.** — Nattes adouma, nattes en tissus adouma.

CLASSE XXIII

295. **Avinenc** (Georges-Victorin).
 Couteaux bacougni de la Région de Loango. — Couteaux de la Région du Como et du Rhamboë. — Rasoir et bistouri du Como et du Rhamboë.
296. **Gouvernement du Congo.** — Couteaux bakougni.
297. **Lagrange** (Léon B. de). — Couteaux bakougni.
298. **Pecqueur** (Léona).
 Couteau boulou. — Couteaux pahouins.
299. **Schlüssel** (Laurent).
 Couteau de danseur. — Couteaux à gaine. — Couteaux de sacrificateur. — Couteaux obambas. — Couteaux pahouins.
300. **Service local.** — **Passa Alima**.
 Couteaux apfourou (Onbongui). — Couteaux batékés et fourreaux (Diclés). — Couteaux obamba (Franceville). — Couteaux onbongui.

CLASSE XXIX

301. **Avinenc** (Georges-Victorin).
 Boîte en écorce de la rivière Mondah. — Boîte en écorce du Como et du Rhamboë. — Bouteilles, fioles de la région de Loango. — Calebasse avec couvercle de la rivière Mondah. — Clochettes du Como et du Rhamboë. — Crochets (portemanteaux) du Como et du Rhamboë. — Cuillers du Como et du Rhamboë. — Cuiller en bois de la région de Loango. — Cuiller et fourchette bacougni de la région de Loango. — Cuillers en bois de la rivière Mondah. — Cuillers et

calebasse de la rivière Mondah. — Irrigateurs de la rivière Mondah. — Pipes bacougni. — Sonnettes en bois de la région de Loango. — Corbeilles du Como et du Rhamboë. — Corbeille en osier de la région de Loango. — Paniers de la région de Loango. — Paniers du Como et du Rhamboë. — Petits paniers du Como et du Rhamboë. — Série de paniers de la région de Loango. — Peigne de la région de Loango.

302. **Gouvernement du Congo**.

Amulette de guerre. — Chaine en bois, cuiller, cuillers pahouines, fourchettes, pipes bakougni. Démêloir de Loango. — Bouteilles tressées osier de Longuebod, paniers (Ile d'Annobon). Paniers Loango, paniers pahouins, paniers pointe noire.

303. **Pecqueur** (Léona).

Balais. — Balais chasse-mouches. — Balais pahouins. — Bouteille garnie d'osier (petite). — Bouteilles Logobondé. — Calebasses. — Calebasses sculptées. — Clochettes de bois. — Clochettes pour fétiches de guerre. — Coffret pahouin avec fruits contre le sommeil. — Cuillers. — Cuillers pahouines. — Dessous de plats. — Fourchettes pahouines. — Gourde. — Pipes boulou. — Plat à bananes. — Démêloir fiote (Région de Loango). — Cuillers pahouines. — Pipes obambas. — Paniers.

304. **Lagrange** (Léon B. de). — Calebasses, ivoire sculpté.

305. **Remy**. — Paniers adoumas.

306. **Schlüssel** (Laurent). — Calebasses. — Chasse-mouches. — Cuillers pahouines. — Épingles à cheveux obambas. — Pipes obambas. — Paniers du Loango.

307. **Service local. — Passa Alima.** — Épingles à cheveux obambas (Franceville) (Diélé). — Pipe aconya, pipes avoumbo.

QUATRIÈME GROUPE

CLASSE XXXI

308. **Pecqueur** (Léona). — Fil indigène d'ananas.
309. **Schlüssel** (Laurent.) — Fil indigène de bananier.
310. **Service local. — Passa Alima.** — Tissus batéké en fil de raphia (Diélé).

CLASSE XXXV

311. **Avinene** (Georges Victorin). — Canne en jonc et vannerie de la région de Loango. — Cannes en bois de la rivière Mondah. — Chasse-mouches du Como et du Rhamboë.
312. **Gouvernement du Congo.** — Balai (chasse-mouches).
313. **Lagrange** (Léon B. de). — Canne de chef sculptée.
314. **Pecqueur** (Léona). — Balai chasse-mouches. — Boutons pour chevelure pahouine. — Canne de chef. — Éventail pahouin.
315. **Schlüssel** (Laurent). — Chasse-mouches. — Éventail pahouin.

CLASSE XXXVI

316. **Avinene** (Georges Victorin). — Bonnets fiotes de la région de Loango. — Ceinture bacougni de la région de Loango. — Chapeaux de plumes du Como et du Rhamboë. — Pagne de femme pahouine (Mondah). — Pagne de femme pahouine devant et derrière (Como et Rhamboë). — Pagne bacougni de la région de Loango. — Plumet de la rivière Mondah. — Rabat en peau de singe du Como et du Rhamboë.
317. **Gouvernement du Congo.** — Bonnets fiotes. — Ceinture de femme bakougni. — Pagne bakougni. — Pagnes pahouins en écorce d'arbre.
318. **Lagrange** (Léon B. de). — Chapeaux de féticheurs.
319. **Pecqueur** (Léona). — Bonnet de guerre pahouin en perles. — Bonnets. — Bonnets de chefs. — Bonnets fiotes. — Chapeaux de Lagos. — Ceinture bakanda. — Ceinture bakougni. — Pagnes pahouins (Brazzaville).
320. **Schlüssel** (Laurent). — Ceinture batéké. — Ceinture de femme gabonaise. — Ceinture de Loango. — Coiffure de danse. — Pagnes (ananas). — Pagnes en écorce. — Pagnes en écorce cousue. — Pagnes en fil d'ananas. — Pagnes en peau de biche.
321. **Service local. — Passa Alima.** — Pagne aconga, pagne obamba. — Serre-tête obamba.

CLASSE XXXVII

322. **Pecqueur** (Léona). — Bracelets de cuivre. — Bracelets en ivoire.
323. **Schlüssel** (Laurent). — Bracelets en ivoire. — Collier (dents de tigre). — Collier de danseurs. — Colliers en cuivre.

CLASSE XXXVIII

324. **Avinene** (Georges-Victor). — Arbalètes du Como et du Rhamboë. — Arbalètes empoisonnées de la rivière Mondah. — Fers de Sagaies du Como et du Rhamboë. — Haches de la rivière Mondah. — Poignards du Como et du Rhamboë. — Sabres de bois du Como et du Rhamboë. — Sabres de la région de Loango. — Flèches empoisonnées de la rivière Mondah. — Sagaies de la région de Loango. — Boîtes à munitions (écorce) du Como et du Rhamboë. — Poire à poudre en noix de coco du Como et du Rhamboë. — Sacs à munitions (fils d'ananas) du Como et du Rhamboë. — Gibecière en peau d'antilope du Como et du Rhamboë.

325. **Gouvernement du Gabon.** — Couvre-sac de guerre en peau de singe. — Fers de sagaies. — Flèches empoisonnées. — Haches pahouines. — Sabres bois ébène. — Sabres pahouins.

326. **Lagrange** (Léon B. de). — Cornet à poudre. — Flèches empoisonnées. — Sagaies.

327. **Pecqueur** (Léona). — Arbalètes. — Casse-têtes. — Flèches empoisonnées. — Sabres de bois. — Sabres de fer. — Sabres pahouins. — Sagaies.

328. **Remy.** — Arc d'Abongas. — Couteau de guerre. — Couteaux Adoumas. — Flèches Apfourou. — Flèches d'Abougas. — Hachette d'Adouma.

329. **Schlüssel** (Laurent). — Arbalètes. — Bouclier obamba. — Carquois. — Collier de chien du Loango. — Flèches. — Gibecière de chasse. — Poire à poudre. — Sagaies de l'Oubangui. — Sagaies apingis. — Sagaies pahouines.

330. **Service local. — Passa Alima.** — Boucliers (onbangui). — Bouclier apfourou (Onbangui). — Boucliers (obambas). — Hache (Diclé). — Lances apfourou. — Sagaies batékés. — Filets, carnier en fil d'ananas (Diélé).

CLASSE XXXIX

331. **Gouvernement du Gabon.** — Porte-fardeaux et sacs pahouins.

CLASSE XL

332. **Avinene** (Georges-Victorin). — Jeux (genre jacquet) du Como et du Rhamboë.

333. **Pecqueur** (Léona). — Jeu de jacquet pahouin.
334. **Schlüssel** (Laurent). — Jeu pahouin et ses pions.

CINQUIÈME GROUPE

CLASSE XLI

335. **Pecqueur** (Léona). — Pierres (minerai). — Outil de cuisine.

CLASSE XLII

336. **Avinenc** (Georges-Victorin). — Claies (Séchoirs) du Como et du Rhamboë.
337. **Lagrange** (Léon B. de). — Lianes à caoutchouc.
338. **Le Berre** (Mgr.). — Bois de menuiserie du pays.
339. **Pecqueur** (Léona). Gros bambous pour toiture. — Petits bambous pour toiture. — Lianes pour constructions. — Panneaux pour cases. — Séchoir à poissons.

CLASSE XLIII

340. **Avinenc** (Georges-Victorin). Paquet d'algues marines de la rivière Mondah. — Eperviers du Como et du Rhamboë. — Filet à grandes mailles du Como et du Rhamboë. — Filet en fibre de bambou du Como et du Rhamboë. — Senne en fil d'ananas de la région de Loango.
341. **Gouvernement du Gabon.** Eperviers en fil d'ananas. — Filets pahouins. — Senne en fil d'ananas.
342. **Lagrange** (Léon B. de). — Carapaces de tortues. — Chat-tigre. — Défenses d'espadon, ivoire non sculpté. — Peaux de loutre. — Tête de gorille mâle. — Tête d'hippopotame. — Caoutchouc en bouteille. — Chausse-trappes empoisonnées. — Harpons.
343. **Pecqueur** (Léona). — Tête de tigre. — Têtes d'animaux. — Serpents. — Cornes d'antilope. — Cornes de buffle. — Culot de dent d'éléphant. — Dents d'éléphants. — Dents d'hippopotame. — Ecaille. — Peau de serpent boa. — Peaux de singes. — Caoutchouc (fruit du). — Caoutchouc. — Lianes à caoutchouc. — Lait de caoutchouc. — Cire vierge. — Epervier. — Filet à crevettes. — Coquillages. — Espadon (défenses d'). — Grandes scies d'espadon. — Petite carapace de tortue. — Scies d'espadon

344. **Schlüssel** (Laurent). — Têtes d'animaux, tête d'éléphant de Bata avec ses défenses. — Tête d'hippopotame de Maymba avec ses défenses. — Filet de pêche. — Harpons pour la pêche du lamantin.

345. **Service local. — Passa alima.** — Caoutchouc du pays Batéké, coprah de l'Alima (Diélé).

CLASSE XLIV

346. **Avinenc** (Georges-Victorin). — Fibres pour confection de nattes. — Tabac batéké. — Tabac fiote de la région de Loango.

347. **Gouvernement du Gabon.** - Tabac bakougni, tabac en cordes.

348. **Le Berre** (Mgr.). — Huile de coco. — Huile de palme.

349. **Pecqueur** (Léona). — Huile de palme. — Noix de palme. — Pailles pour toiture de cases.

350. **Rémy**. — Fil de bambous pour tisserand.

351. **Service local. — Passa alima.** — Tabac en cordes. — Arachides (Batéké Achionga). — Sésame du pays Batéké (Diélé). — Tabac achiconga en feuilles, tabac batéké, tabac (Diélé). — Coton courte soie du pays Batéké (Diélé).

CLASSE XLV

352. **Pecqueur** (Léona). — Torches du Pays. — Gousse d'inaye ou onaye.

SIXIÈME GROUPE

CLASSE XLVIII

353. **Avinenc** (Georges-Victorin). — Enclumes du Como et du Rhamboë.

354. **Pecqueur** (Léona). — Soufflets de forge.

355. **Schlüssel** (Laurent). — Forges pahouines.

356. **Service local. — Passa alima.** — Forge à double effet (Oubangui) forge Obamba (Franceville).

CLASSE XLIX

357. **Avinenc** (Georges-Victorin). — Herminettes fiotes de la région de Loango.

358. **Gouvernement du Gabon.** — Herminettes de Longo.

359. **Pecqueur** (Léona). — Herminette bakougni.
360. **Schlüssel** (Laurent). — Herminettes.
361. **Service local-Passa Alima**. — Herminette oubangui. — Houe Obamba (Franceville).

CLASSE L

362. **Avinenc** (Georges-Victorin). — Mortiers avec pilons du Como et du Rhamboë.
363. **Pecqueur** (Léona). — Mortier à pilon.

CLASSE LII

364. **Avinenc** (Georges-Victorin). — Courroies porte-charges en écorce.

CLASSE LIII

365. **Avinenc**. — Plateaux à broyer (du Como et du Rhamboë).

CLASSE LIV

366. **Avinenc**. — Corde indigène de la région de Loango.
367. **Gouvernement du Gabon**. — Cordes en écorce d'arbre.

CLASSE LV

368. **Pecqueur** (Léona). — Métiers à tisser Londima.
369. **Rémy**. — Métiers adoumas.
370. **Schlüssel** (Laurent). — Métier à tisser.

CLASSE LX

371. **Lagrange** (Léon B. de). — Cravaches d'Hippopotame. — Cravaches du lamantin. Cravaches queues de raies.

CLASSE LXIII

372. **Schlüssel** (Laurent). — Brouette d'arpenteur.

CLASSE LXV

373. **Avinenc** (Georges-Victorin). — Pirogue de Batanga. — Porte-voix de la région de Loango.
374. **Gouvernement du Gabon**. — Porte-voix.

375. **Pecqueur** (Léona). — Canot pirogue. — Petit canot. — Petite pirogue. — Pirogue. — Pirogue de guerre. — Niobo : pelle pour vider l'eau des pirogues.

376. **Rémy**. — Sagaie adouma.

377. **Service local**. — **Passa alima**. — Ecope, sagaies oubangui. Sagaie de chef apfourou, pagaies obambas, pagaies ondoumbas.

CLASSE LXVI

378. **Pecqueur** (Léona). — Musette à munitions. — Musette à munitions des Pahouins.

SEPTIÈME GROUPE

CLASSE LXVII

379. **Pecqueur** (Léona). — Riz.
380. **Service local**. — **Passa alima**. — Maïs du pays Batéké (Diélé). — Riz récolté à Diélé.

CLASSE LXXI

381. **Service local**. — **Passa alima**. — Haricots et pois chiches du pays Batéké (Diélé).

CLASSE LXXII

382. **Le Berre** (Mgr). — Vanille. — Café.

CLASSE LXXIII

383. **Le Berre** (Mgr). — Eau-de-vie de Mangues.

GRAND DÉPOT

E. BOURGEOIS

21, Rue Drouot, 21

PARIS

PORCELAINE, FAIENCE, CRISTAUX

POUR

SERVICES DE TABLE ET DESSERT

ADMIS A L'EXPOSITION UNIVERSELLE

DE 1889

DANS LES CLASSES 19 ET 20

FAIENCES ARTISTIQUES

BELLES PIÈCES DE FANTAISIE

Bronzes d'Art & d'Ameublement

R. COTTIN
Ancⁿᵉ Mⁿ MARLIN & COTTIN
26, RUE AMELOT, 26
3 et 5, Rue du Chemin-Vert, Paris

Garnitures de Styles

LUSTRES

SUSPENSIONS

Garnitures de Foyers

STATUES ET GROUPES

Éclairage

HUILE, GAZ

ÉLECTRICITÉ

✛ Bronzes Fantaisie ✛

FERRONNERIE ARTISTIQUE

EXÉCUTION
DE TOUS TRAVAUX
SUR DEVIS

RESTAURATION DES BRONZES ANCIENS

SÉNÉGAL

DEUXIÈME GROUPE

CLASSE VI

384. **Amady-Natago** Lam-Toro (Chef du Toro) Protectorat du Toro. — Aloal (tablette).
385. **Dimba-War**, Président du Conseil des chefs du Cayor (Protectorat du Cayor). — Aloal (Tablette). — Planches à écrire.

CLASSE VIII

386. **Aumont** (André), à Saint-Louis. — Collection d'articles d'importation au Sénégal.
387. **Comité Central.** — Collection botanique.
388. **Noirot** (Ernest), administrateur colonial, délégué du Sénégal. — Collection d'échantillons représentant les principales marchandises, composant le magasin d'un traitant à Podor.

CLASSE IX

389. **Noirot** (Ernest). — A Travers le Fouta-Diallon et le Bambouc (Soudan occidental). Souvenirs de voyage par E. Noirot. — Maures-Trarza. — Petit manuscrit dressé par le grand Marabout des Trarza-Baba, Ould-Amdi, dans sa jeunesse et offert en souvenir de bonne amitié durant un séjour chez lui. — Voyage au Fouta-Diallon et au Bambouc (par E. Noirot).

CLASSE X

390. **Comité Central d'Exposition.** — Bœufs sculptés.
391. **Noirot** (Ernest). — Encrier ouolof. — Encrier du Marabout Baba. — Ould Amdi.

CLASSE XI

392. **Bouteiller.** — Fétiche.
393. **Brochenin.** — Idoles.
394. **Comité Central d'Exposition.** — Urnes en bois.
395. **Metzinger.** — Idoles.
396. **Noirot** (Ernest). — Grisgris du lit Ouolof.
397. **Rouzaud**, Ancien Agent consulaire de France, à Boulam. — Bœufs fétiches avec coupe et couvercle. — Coupes unies. — Fétiches danseurs de l'Archipel des Bissagos. — Fétiches de formes variées. — Grands fétiches assis sur des escabeaux. — Plats ouvragés avec couvercle. — Tasse.

CLASSE XII

398. **Noirot** (Ernest). — Collections photographiques.

CLASSE XIII

399. **Amady-Natago.** — Guitare.
400. **Amar-Saleum.** — Harpe maure.
401. **Amady-Natago.** — Tambours. — Tambours de guerre.
402. **Comité Central d'Exposition.** — Flûtes de pâtre. — Petite flûte de berger. — Harpes mandingues. — Grand tamtam de Khayes. — Tamas ou petits tamtams. — Tamtam de Guerre.
403. **Commandant supérieur du Soudan français.** — Guitare. — Musique.
404. **Cros** (Félix), à Goré. — Téleith (Instrument de musique Ouolof).
405. **Dimba-War.** — Guitare. — Tambour de danse. — Tambours de guerre. — Tamtam.
406. **Ibrahima N'Diaye**, Chef du N'Diambour. — Guitares. — Tambour de guerre.
407. **Lam-Toro.** — Violon.
408. **Madior-Thioro**, Chef du N'Guich Mérina. — Tambour de guerre.
409. **Noirot** (Ernest). — Flûte. — Tambourin de cavalier. — Guitares indigènes. — Guitares de captifs. — Castagnettes de danseuses. Tambours de guerre. — Tambour dit Sabar.
410. **Rouzaud** — Balafon. — Guitares. — Petit violon. — Tamtams avec cymbales.
411. **Yamar M'Bodj.** — Tambour de guerre appelé Sambo Sagata.

CLASSE XV

412. Noirot (Ernest). — Balancier pour le transport des calebasses, en usages chez les Peuls.

TROISIÈME GROUPE

CLASSE XVII

413. Abdoulaye Niang. — Coffre peint.
414. Bouteiller. — Grand lit.
415. Charlot. — Canapé Ouolof.
416. Commandant supérieur du Soudan français. — Siège.
417. Comité Central. — Canapé moyen en jonc léger. — Canapé petit en jonc léger. — Chaise en bois. — Grand canapé en jonc léger. — Grande chaise en bois. — Grande chaise en bois, provenant de la Casamance. — Petite chaise en bois. — Petit tabouret de la Casamance. — Siège moyen en jonc léger provenant de la Casamance. — Petit Tara. — Sièges en bois.
418. Demba-War. — Bois de lit.
419. Filly N'Diaye. — Lit à chandelier.
420. Hamadou Maram. — Coffre en pitchpin.
421. Ibrahima N'Diaye. — Lit ouolof du Cayor.
421. Noirot (Ernest). Lit ouolof ordinaire. — Coffre de forgeron pour les outils (Maures Trarza). — Coffre ancien, recueilli dans une famille de forgerons chez laquelle il se trouvait, dit-on, depuis plusieurs générations (Maures Trarza).
422. Rouzaud. — Escabeaux.
423. Samba Diakaté, menuisier à Saint-Louis. — Coffre en bois.

CLASSE XVIII

424. Amar Saleum. — Natte (berceau d'enfant.)
425. Comité Central. — Couvre-lit brodé sur tulle. — Drap du Haut-Fleuve. — Oreiller en cuir. — Taie d'oreiller en cuir.
426. Noirot (Ernest). — Tenture de la Case Ouolof, riche.

CLASSE XX

427. **Comité Central.** — Poteries en terre de Dagana.
428. **Niep M'Baye**, Griotte (Podor). — Canari à couscous (jouet d'enfant). — Canaris pour couscous. — Canaris pour porter sur la tête. — Cloches pour foyer. — Écuelles en terre. — Écuelles (jouets d'enfant). — Encrier en terre. — Gargouille. — Gargoulettes (jouets d'enfants). — Gargoulette de Podor. — Gargoulettes ordinaires. — Grand canari. — Grande gargoulette à cinq becs. — Grande gargoulette. — Poterie de Podor. — Pots à tabac. — Réchaud en terre.
429. **Noirot** (Ernest). Pipe en terre Dagana. — Pipe en terre de Cayor.
430. **Rouzaud.** — Encrier de marabout.

CLASSE XXI

431. **Amar Saleum.** — Grande natte.
432. **Amady Natago.** — Natte Maure. — Nattes Peulh.
433. **Comité Central.** — Dessous de lampe. — Dessus de guéridon. — Natte provenant du Haut-Fleuve. — Grosse natte tressée par les indigènes de la Casamance dont ils se servent comme lit. — Tapis de drap noir brodé. — Tapis de Dubréka.
434. **Noirot** (Ernest). — Petite natte pour salam. — Tapis de l'Adrar.
435. **Rouzaud.** — Petite natte du Congo.
436. **Sidi-Ély**, roi des Maures Brakna. — Nattes décorées.

CLASSE XXIII

437. **Cros** (Félix) à Gorée. — Couteaux à gaine avec fourreau (Ouolofs).
438. **Mokthar.** — Couteaux.
439. **Noirot** (Ernest). — Couteaux.

CLASSE XXVII

440. **Aumont.** — Fanal.
441. **Commandant supérieur du Soudan français.** — Lampes.

CLASSE XXIX

442. **Amady-Natago.** — Calebasse. — Couvercles de calebasses. — Cuillers en bois.

443. **Amar-Saleum.** — Encrier. — Étui à tabac. — Pipe maure. — Planchette à pièces.
444. **Aumont** (André) à Saint-Louis. — Écrin de bijoux fabriqués en France et imitant ceux du Sénégal (le tout en or). — Gris-Gris, Maktoumés.
445. **Bour N'Diambour.** — Calebasses.
446. **Comité Central.** — Bourses en cuir. — Cuiller en bois d'ébène du Guidemakha. — Maroquinerie. — Naffas (porte-monnaie ou blagues). — Objets de maroquinerie provenant du Haut-Fleuve, de diverses formes et grandeurs. — Panier indigène. — Pipe en bois. — Tabatières du Haut-Fleuve.
447. **Commandant supérieur du Soudan français.** — Calebasses. — Cuillers. — Spatules. — Vannette.
448. **Cros** (Félix) à Gorée. — Bouteille recouverte en cuir pour les Diolas. — Coq batou (petite calebasse dont se servent les noirs pour boire). — Gas (tabatière de Diola). — Gas (tabatière de Ouolof avec deux petites cuillers pour prendre le tabac à priser). — Gris-Gris (Tour de tête de guerriers sérères, qu'ils se mettent comme préservatif). — Makatoumés (Portefeuilles Maures). — Makatoumés (Portefeuilles Ouolofs). — Nafa (Bourse des Ouolofs). — Nafa (Portefeuille de Marabout). — Nafa maure (porte-monnaie pour femmes) — Nafa maure (porte-monnaie pour homme). — Téré Gris-Gris (Tour de cou pour les noirs).
449. **Demba-War.** — Calebasses. — Naffa (Porte-monnaie). — Pipes. — Portefeuilles. — Sachets en fibres de palmier.
450. **Ibrahima N'Diaye.** — Pipes. — Portefeuilles.
451. **Amadi Natago Lam Toro.** — Calebasse.
451. **Madior Thoro.** — Portefeuilles.
452. **Noirot** (Ernest). — Calebasses — Calebasses mesures. — Couvercles de Calebasses. — Coffres communs. — Étagère de case Ouolof. — Scapulaire de Musulmans (Fouta Diallon). — Pipe en fer (Malin-Ké). — Pipes maures. — Pipes maures en os de mouton. — Pipes maures du Cayor. — **Porte-monnaie** (Ouolof). — Scapulaires de Musulmans (Ouolofs). — Gri-gri ayant appartenu à Samba Laobé Daniel du Cayor, tué à Tivavonane. — Cuillères en bois des Toucouleurs.
454. **Rouzaud.** — Calebasses ouvragées. — Collier gris-gris (talisman). — Coupes avec sujets. — Cuillers, dessins variés. — Grande cuil-

lère. — Peigne bissagos. — Porte feuilles mandingues. — Serrures bissagos en bois. — Tabatières de bambou. — Tabatières de corne. — Tabatières diverses.

455. **Yamar M'Bodj.** — Calebasse. — Cuillers à couscous. — Vase à beurre.

QUATRIÈME GROUPE

CLASSE XXX

456. **Amady-Natago**, Lam-Toro. — Bande de coton. — Mousseline indigène.

CLASSE XXXII

457. **Amar Saleum.** — Pelotes de poil de mouton filé.
458. **Comité Central.** — Fils divers. — Tissus divers.

CLASSE XXXIII

459. **Noirot** (Ernest). — Soie. — Soie de bintenier.

CLASSE XXXIV

460. **Noirot** (Ernest). — Scapulaire musulman.

CLASSE XXXV

461. **Comité Central.** — Ceintures. — Guêtres en cuir.
462. **Cros** (Félix), à Gorée. — Cannes de circoncis mandingues. — Canne en nerf de bœuf, fabriquée par les Soninkés.
463. **Demba-War.** — Colliers en cuivre (pour guerrier).
464. **Madior-Thioro.** — Ceinture en cuir.
465. **Noirot** (Ernest). — Cannes en ébène.
466. **Rouzaud** — Canne en os.

CLASSE XXXVI

467. **Amady-Natago.** — Écharpe. — Pagne (dit fata). — Pagne (dit palmann). — Pagne (dit tingavéïe). — Sandales en bois. — Sandales en cuir.
468. **Amar-Saleum.** — Milfa et culotte maure.

469. **Aumont** (André), à Saint-Louis. — Aïeka laine. — Chapeau sarakolet. — Chapeau toucouleur. — Kissa. — Pagne brodé pour être teint. — Pagne N'dor. — Pantalon de guerrier. — Pindale brodé laine. — Pindale brodé soie. — Pindales galam. — Sandales.

470. **Comité Central.** — Babouches du Haut-Fleuve. — Bonnet de la Casamance. — Boubou bakha segou. — Boubou Coaman. — Camisole. — Chapeaux de Macina. — Chapeau du Dubréka. — Chapeau du Ouassoulou. — Chapeaux en paille du Haut-Fleuve. — Grand chapeau triangulaire. — Pagne blanc. — Pagnes de la Casamance. — Pagnes du Haut-Fleuve, dont un de guerrier. — Pagnes fabriqués à Ségou. — Sandales du Dubréka. — Sandales de mariée du Khasso. — Souliers en bois avec talons (Casamance). — Souliers en cuir.

471. **Commandant supérieur du Soudan français.** — Bonnet.

472. **Cros** (Félix) à Gorée. — Chapeau de paille marabout. — Pantalon paille de Mandingue.

473. **Demba-War.** — Pagnes.

474. **Gilbrin.** — Chapeau. — Grand chapeau — Kora.

475. **Ibiahima N'Diaye.** — Pagnes (dit tiovali).

476. **Noirot** (Ernest). — Chapeau de marabout. — Chapeaux de guerrier Toucouleur et Sarakolé. — Grand chapeau. — Culotte du Fouta Diallon. — Sandales sarakolé. — Sandale de bois.

477. **Rouzaud.** — Ceintures de femmes (Bissagos) faites de fibres d'arbres, et teintes avec du pur indigo. — Sandales musulmanes.

478. **Yamar M'Bodj.** — Sandales de cuir.

CLASSE XXXVII

479. **Aumont** (André) à Saint-Louis. — Bracelet en argent dit Bassi. — Bracelet argenté dit Boppe. — Bracelet en argent dit gabon. — Bracelet en argent dit gabon-wogne. — Bracelet argenté dit Retijeul. — Bracelet argenté dit Retjeul Tope. — Bracelet argent dit Wogne. — Gris-gris argent à l'usage des femmes maures. — Tour de pied argent dit Tralalali. — Voyeron argent.

480. **Comité Central.** — Anneaux en or brut. — Bourse en perles. — Broches et boucles d'oreilles en or et de l'or du Haut-Fleuve et du Dubréka.

481. **Galo Thiam.** — Bracelet filigrane. — Bracelet massif gabon. —

Broche (feuilles). — Broche (feuilles et serpent). — Croix filigrane. — Parure broche et boucle d'oreille jatarbine. — Parure filigrane.

482. **Mamadou Thiam.** — Bracelet médaillon or. — Bracelet or scambé.

483. **Mohamed Habib.** — Bague en ébène incrusté. — Bracelet en corne incrustée d'argent. — Chapelets en ébène incrusté.

484. **Niokhor-Thiam.** — Bagues au nom de Faidherbe. — Bracelet filigrane. — Bracelet de nourrice. — Bracelet Wogne à boucles. — Chaîne de montre en or. — Épingle de cravate filigrane. — Parure filigrane. — Parure Wogne à boucles, broches et boucles d'oreilles.

485. **Noirot** (Ernest). — Bagues. — Bracelets. — Chapelet. — Quartz et grenats (recueillis chez les Maures Trarza).

486. **Rouzaud.** — Bracelet de cuivre à grelots. — Collier de dents d'animal. — Colliers de petits coquillages. — Colliers en bois.

487. **Samba Laobé Thiam.** — Bracelet or médaillon. — Bracelet serpent et scarabées. — Croix en or filigrane. — Parure médaillon et boucles d'oreilles.

CLASSE XXXVIII

488. **Amady-Natago.** — Étui à fusil. — Hache. — Lances. — Poire à poudre. — Sabre.

489. **Amar-Saleum.** — Fusil.

490. **Aumont** (André), à Saint-Louis. — Haches de Sarakolets. — Lance. — Sabre de guerrier.

491. **Brochenin.** — Casque guerrier.

492. **Comité Central.** — Arcs. — Armes primitives des divers genres. — Armes diverses, de différentes formes et de différentes grandeurs et couteaux dans des fourreaux en cuir. — Boucliers. — Carquois avec ses flèches. — Carquois avec flèches du Macina. — Carquois sans désignation de provenance. — Diverses cornes. — Fer de lance avec garniture cuivre. — Hache ordinaire du pays de Khayes. — Hache de Macina. — Poignards. — Poignards du Dubréka. — Poignard du Haut-Fleuve, double gaine.

493. **Comité Central.** — Poignards du Haut-Fleuve, sans fourreaux. — Poignard Sarakollé. — Poires à poudre. — Poires à poudre

en corne. — Sabre avec fourreau en cuir. — Sabres, lances, arcs, flèches. — Sac à poudre en cuir.

494. **Demba War.** — Arcs et flèches. — Corne à poudre. — Lances. — Poignards. — Sabres.

495. **Hamadou Boubakar** (Toucouleur du Bosséa). — Sabre.

496. **Ibrahima N'Diaye.** — Fusil.

497. **Cros** (Félix), à Gorée. — Arcs mandingues pour lancer les flèches. — Boîte à poudre en corne de bœuf, entièrement recouverte de cuir (Toucouleurs). — Boîte à poudre en corne de bœuf, entièrement recouverte de cuir avec un sachet pour munitions. — Boîte à poudre en corne de bœuf, recouverte entièrement de cuir, avec deux sachets à munitions. — Boîte à poudre en corne de bœuf, recouverte entièrement de cuir. — Boîte à poudre en corne de buffle (ouvragée par les Toucouleurs). — Carquois mandingue pour mettre les flèches. — Casque de guerrier mandingue. — Flèches de chasse et de guerre pour arc chez les mandingues. — Flèches de chasse et de guerre en usage chez les mandingues. — Gadecaye (sachet à munitions pour les pour les noirs). — Lance de Peul avec manche. — Lance de Peul avec manche ordinaire. — Lance royale des Bissagos. — Lance royale des Mandingues. — Lance royale de Maure. — Poignard Maure. — Sabre de Mandingue. — Sac pour munitions de guerre en cuir ouvragé (Ouolofs). — Sachet à munitions de noir. — Yatagan avec fourreau (sabre de Sarakolé). — **Yatagan** (sabre de Toucouleur).

498. **Gilbrin.** — Sabres.

499. **Ibrahima N'Diaye.** — Corne à poudre. — Lances.

500. **Amadi-Natago-Lam-Toro.** — Fronde. — Plastron de guerrier.

501. **Madior Thioro.** — Lance. — Poignards. — Sabre.

502. **Mahamadou-Thiam**, forgeron à Dagana. — Fusil à pierre.

503. **Mokthzar** (Mme). — Gaines en cuir.

504. **Mokthar**, forgeron Trarza, attaché à la maison du Marabout Baba-Ould-Amdi. — Poignards. — Sabre.

505. **Noirot** (Ernest). — Arc. — Corne à poudre, de guerriers Bambara. — Lances de guerriers Bambaras. — Haches de guerriers Bissagos. — Lances de guerrier. — Carquois. — Arc du Fouta-Diallon. — Carquois et flèches du Fouta Diallon. — Cornes à poudre de guerrier. — Fusil du Fouta Diallon. — Fusil d'enfants du Fouta

Diallon. — Poignards du Fouta Diallon. — Sabre (la lame est en fer du pays). — Poignards maures. — Lances des Ouolofs. — Fusil de guerriers Ouolofs. — Sac à balles de guerriers Ouolofs. — Poignards. — Lances de bergers Peul. — Sabre ouolof. — Sabre toucouleur. — Carquois et flèches des Sérères. — Hache de guerrier. — Sabre ayant appartenu au Lam-Toro Mahamadou-Abdoul. — Corne à poudre de guerriers Toucouleurs. — Sabre de bois pour les enfants Toucouleurs. — Fusil de bois pour les enfants Toucouleurs. — Sac de voyage des Maures.

506. **Rouzaud.** — Cartouchières en cuir. — Couteaux divers. — Poignards maures. — Poires à poudre en corne de buffle. — Sabres Balantis avec fourreaux. — Sabres faits d'une défense d'espadon. — Sabre Foulah avec poignée incrustée d'argent. — Sabres musulmans, avec riches fourreaux. — Sagaies de formes variées. — Stylets en cuivre.

507. **Yamar M'Bodj.** — Sabre.

CLASSE XXXIX

508. **Amar-Saleum.** — Coffres en cuir. — Couverture en peau (dite tiougo). — Entraves de captifs. — Oreiller maure. — Outre. — Outre pour conserver le beurre. — Outre pour l'eau. — Petites outres. — Grands sacs de cuir. — Sac de voyage, en peau. — Seau en cuir. — Tente et accessoires. — Tente de captif. — Tente en cuir.

509. **Amady-Natago.** — Claie servant de lit. — Oreiller en cuir.

510. **Comité Central.** — Couverture de laine brute. — Hamac. — Hamac du Dubréka. — Sac en cuir.

511. **C^t. Supérieur du Soudan français.** — Filet de bagages.

512. **Cros** (Félix) à Gorée. — Hamac en paille de Casamance.

513. **Demba-War.** — Claie servant de lit.

514. **Ibrahima N'Diaye.** — Outre en cuir. — Seau en cuir.

515. **Amadi-Natago-Lam-Toro.** — Sac de voyage.

516. **Noirot** (Ernest). — Oreiller maure. — Sac de voyage des Maures. — Sac de voyage. — Sac de voyage pour fillette maure. — Scapulaire musulman. — Tente. — Tentes d'enfants.

517. **Sidi-Ely.** — Sac de voyage.

CLASSE XL

518. **Amady-Natago.** — Bâtons sceptres donnés aux enfants. — Fusils en bois (jouets d'enfants). — Jouets. — Petit mortier (jouet). Poupées laobé. — Pioche (jouet).

519. **Comité Central.** — Jouets d'enfants (Boules doubles). — Jouets divers. — Poupée en bois (fétiche du Dubréka).

520. **Noirot** (Ernest). — Poupée Ouolof (jouets). — Poupées maures — Sac à bagages et petites selles de chameau en cuir (Jouets). — Selle de chameau. — Tentes en chiffons (jouet).

CINQUIÈME GROUPE

CLASSE XLI

521. **Comité Central.** — Articles en fer battu.

522. **Noirot** (Ernest). — Argile de Mérinoghen. — Argile de Podor (servant à la fabrication de la poterie). — Minerai de fer du Bambouk. — Minerai de fer du Fouta-Diallon. — Carbonate de chaux. — Roches (carbonate de chaux). — Sable (des puits de Tandallet). — Sable (du camp du marabout Baba). — Terre de Dagana. — Terre de Louga (N'Diambour). — Terre du puits de Guéné Goudhi. — Terre d'Oulingara (N'Diambour). — Terre recueillie à Podor (servant à la construction des cases). — Terre blanche (N'Diambour). — Terre de Sak (Cayor). — Terre de Wendou Gotho. — Terre (de la mare de Sagobé). — Graviers ferrugineux. — Terre du plateau de Diadierdé. — Terre recueillie près du puits de Modi-Ibra. — Pierres extraites du puits de Modi-Ibra. — Argile (Mérinaghen) pour la construction des cases. — Terre du plateau de Guéné-Goudhi. — Soufre (kubrih, recueilli chez les maures Trarza). — Roches de chaux. — Sable de Tandallet. — Terre de Beaufeld. — Terre de Dagana. — Terre de Mérinaghen. — Terre de Podor. — Terre près de Sagobé.

523. **Rouzaud.** — Hachereau. — Outil servant à ouvrir les huitres.

CLASSE XLII

524. **Amady-Natago.** — Taparka (fer à repasser).

525. **Comité Central.** — Bois de la Casamance. — Branche bois léger. Bambous. — Echantillons de bois. — Joncs de la Casamance. — Taparka.

526. **Cros** (Félix), à Gorée. — Table à repasser le linge avec ses deux fers, dite taparka le tout en bois; les noirs s'en servent pour repasser.

527. **Noirot** (Ernest). — Charbon de bois des environs de Dagana. — Collection de bois, (m' bilor) (Herminiera) tronc employé comme flotteur. — Ricin provenant du Cayor. — Euphorbe du Cayor. — Feuilles de Baobab — Gommier Vérek (tronc et branche). — Khreften des Ouolofs (sorte de roseau), plante textile. — Kell (écorce de) servant de liens aux constructions. — Moringa (nevreday) (des Ouolofs). — Moringa (tronc recueilli à Sor). — Neb-Neb (gousse de gonaké). — Pollix des Peuls (Plante textile). — Sawabrassou des Maures (Plante textile). — Tephrosia pour fabriquer les filets. — Tiapaté des Peuls (sorte de liane).

CLASSE XLIII

528. **Amar-Saloum.** — Perche pour récolter la gomme.
529. **Aumont** (André), à St.-Louis. — Aigrettes. — Corne de koba âgé. Dents d'éléphants. — Gomme bas du fleuve. — Grue royale. — Ichthyocolle. — Peaux de Pélicans. — Tête de sanglier.
530. **Comité Central.** — Boules de caoutchouc du Dubréka, 1re qualité, 2e qualité, 3e qualité. — Grosses boules de caoutchouc. — Boule de suc extrait de la liane Saba ou karité (Haut fleuve). — Calebasses en bois et graines diverses. — Calebasses. — Calebasse du Dubréka. - Cornes d'antilope de diverses formes et de diverses grandeurs. — Défense d'éléphant. — Dents d'éléphants et d'hippopotame. — Grandes cornes. — Gomme copale provenant du Dubréka. — Gommier. — Graine de la Casamance. — Instrument de pêche du Haut-Fleuve. — Œufs d'autruche. — Oiseaux empaillés. — Oiseaux empaillés provenant du Dubréka. — Plumes d'autruche, provenant du Haut-Fleuve. — Suc extrait de la liane Géhine. — Tête de biche.
531. **Cros** (Félix), à Gorée. — Carapace de tortue de la Sénégambie (Côte d'Afrique). — Cornes de coba (antilope). — Corne d'antilope onctueuse. — Cornes d'antilope, polies. — Cornes d'antilope, polies (mâle). — Cornes d'antilope, polies (femelle). — Dent d'éléphant.
532. **Amadi-Natago-Lam-Toro.** — Filet. — Harpons.
533. **Noirot** (Ernest). — Caïman (1^{m}70 de long). — Carapace de tortue. — Carapace de tortue servant d'auge aux petits agneaux. — Crocodile en peau (4^{m}30 de long). — Défense d'espadon (1^{m}25 de long). — Défense d'espadon. Bas Sénégal. — Défenses de san-

glier dit facochère. — Épine dorsale de requin. — Épine dorsale et mâchoire de requin. — Espadon. — Nid de colibris. — Nids d'oiseaux dits gendarmes. — Peau d'antilope. — Peau de lion. — Peau de serpent boa. — Petite anguille de mer. — Petits requins. — Petit caïman (0^{m}80 de long). — Petits espadons. — Poissons. — Filets de pêche en usage chez les pêcheurs de Guet N'Dar. — Harpons. — Ligne de pêche en usage chez les pêcheurs de Guet N'Dar. — Requins.

534. **Rouzaud.** — Cornes d'antilopes diverses espèces. — Cornes de buffles. — Cornes de bouquetin. — Cornes de vache brunes. — Défenses d'éléphants. — Défenses d'espadons. — Défenses d'hippopotame, mâchoire supérieure. — Défenses d'hippopotame, mâchoire inférieure. — Peau de boa.

535. **Yamar M'Bodj.** — Harpons. — Ligne. — Racine de gommier — Racine de sagar.

CLASSE XLIV

536. **Amady-Natago.** — Graine de Ricin.
537. **Amar-Saleum.** — Gomme.
538. **Aumont** (André), à Saint-Louis. — Arachides du Cayor, décortiquées. — Arachides du Cayor, en cosses. — Arachides de Galam, en cosses. — Pourghère. — Ricin. — Sésame. — Tabac à priser.
539. **Comité Central.** — Arachides provenant de la Casamance. — Cire brute. — Cire du Dubréka. — Cire jaune. — Cordelettes fabriquées avec l'écorce du baobab. — Coton. — Coton du Haut-Fleuve. — Encens. — Graines d'ivoire végétal dit Guélébye. — Huile de palme. — Indigo en poudre et en boules (Casamance). — Noix de karité. — Palmiste (graines de palme) provenant du Dubréka. — Sésame provenant du Dubréka. — Soie végétale de sechiou. — Soie végétale d'une espèce de fromager.
540. **Demba-War.** — Arachides.
541. **Ibrahima N'Diaye.** — Coton. — Fibres de baobab.
542. **Lam-Toro-Amadi-Natago.** — Coton. — Indigo. — Tabac oualo.
543. **Noirot** (Ernest). — Arachides décortiquées. — Coton sor du Fouta-Central. — Indigo du Fouta-Central. — Gomme de vérek. — Graines et gousse de gommier vérek (Acacia vérek). — Herbe

servant à fabriquer les nattes maures. — Ricin en grappe. — Sorte de ramie.

544. **Yamar-M'Bodj.** — Arachides. — Béref. — Bintamaré. — Foudène. — Gadianga. — Ricin.

CLASSE LXV

545. **Comité Central.** — Savon du pays. — Savon noir de la Casamance.
546. **Demba-War.** — Indigo.
547. **Noirot** (Ernest). — Carbonate de chaux. — Poudre de soump (pour teinture). — Collection des plantes médicinales les plus employées par les indigènes. — Eau provenant du puits de Modi Ibra. — Eau provenant du puits de Sak (Résidence de Damba War). — Eau de la gare de Louga. — Eau de Louga (capitale du N'Diambour). — Eau de Oulingara, résidence du Bour N'Diambour). — Racine de fayar (plante tinctoriale). — Feuilles de rahu (plante tinctoriale). — Glumes de Sorgho (tinctoriales). — Gousse de bintamaré. — Indigo en pains. — Lalo (feuilles de baobab pilées). N'diandam des Ouolofs, N'Guiguilé des Peuhls (tronc, branches, baies et grains)

CLASSE XLVII

548. **Amady-Natago.** — Peau de mouton.
549. **Amar-Saloum.** Peaux d'agneaux. — Peaux tannées. — Toison de mouton.
550. **Comité Central.** — Peau de bœuf sauvage. — Peau de hyène. — Peau de mouton, teinte en rouge. — Peaux de singes noirs.
551. **Noirot** (Ernest). — Peau d'antilope. — Peau de caïman. — Peau de lion. — Peau de serpent.

SIXIÈME GROUPE

CLASSE XLVIII

552. **Noirot** (Ernest). — Outils de forgeron : Enclume, soufflet, marteaux, pinces, vilbrequin, herminette, burins, mèche de rechange, creuset pour la fonte des métaux, limes de provenance européenne.
553. **Amady Natago.** — Plantoir à mil.

554. **Comité central.** — Instrument aratoire.
555. **Cros** (Félix) à Gorée. — Doncoton, instrument de culture mandingue. — Hilaire, instrument de culture mandingue. — Sarcloir, instrument de culture mandingue.
556. **Ibrahima N'Diaye.** — Fourche et bêche. — Hilaire (pioche).
557. **Lam-Toro.** — Faucille.
558. **Mokthar.** — Pince à épines.
559. **Noirot** (Ernest). — Faucille de cultivateur du Fouta-Diallon. — Hache de cultivateur, pince à épines et pioche de cultivateur du Fouta-Diallon.

CLASSE L

560. **Amar Saleum.** — Entonnoir en bois. — Mortier à Couscous.
561. **Comité Central.** — Tamis.
562. **Lam-Toro.** — Mortier.
563. **Noirot** (Ernest). — Pilons. — Mortiers.
564. **Yamar-M'Bodj.** — Mortier. — Mortier à couscous.

CLASSE LIII

565. **Comité Central.** — Mortiers. — Mortier venant du Haut-Fleuve. — Pilons. — Pilons du Haut-Fleuve.
566. **Noirot** (Ernest). — Outil unique du Laobé pour ouvrier travaillant le bois.

CLASSE LIV

567. **Amady-Natago.** — Cordes en écorces de baobab.
568. **Demba-War.** — Fuseaux.
569. **Noirot** (Ernest). — Cordes en cuir. — Kreften : (cordes de deuxième qualité). — Kreten : (corde de première qualité).

CLASSE LV

570. **Amady-Natago.** — Navette pour métier de tisserand.
571. **Comité Central.** — Appareils de tisserand.
572. **Cros** (Félix) à Gorée. — Métier à tisser indigène ordinaire. — Métier à tisser indigène supérieur avec étoffe et deux navettes.
573. **Demba-War.** — Métier à tisser.
574. **Ibrahima N'Diaye.** — Métier de tisserand.

CLASSE LIX

575. **Rouzaud.** — Mortier à piler le tabac.

CLASSE LX

576. **Amady-Natago.** — Selle et bride de cheval.
577. **Amar-Saleum** — Auge en cuir. — Bât d'âne. — Bât de chameau. — Harnais de chameau. — Sangle. — Selle de chameau. — Selle et bride de cheval. — Selle de femme. — Selle pour cavalier.
578. **Comité Central.** — Devant de poitrail pour cheval. — Eperons. — Etriers. — Mors arabe.
579. **Demba-War.** — Selle et bride de cheval. — Frontal de bride.
580. **Hamadou Boubakar**, forgeron. — Bride de cheval. — Mors de chèvre. — Etriers.
581. **Ibrahima N'Diaye.** — Selle de cheval et bride.
582. **Mahamadou-Tiam**, forgeron à Dagana. — Etriers. — Mors de cheval.
583. **Mokthar.** — Bride de cheval.
584. **Noirot** (Ernest). — Bâton de berger Peul. — Collier de cheval. — Eperons. — Fouet de correction.
585. **Sidi Ely**, Roi des Maures. — Tente de selle. — Selle de femme.
586. **Rouzaud.** — Cravache, queue de raie. — Martinet à deux cordes. — Martinet à quatre cordes.

CLASSE LXIII

587. **Amady Natago.** — Portes de cases.
588. **Amar-Saleum.** — Cadenas.
589. **Noirot.** — Cadenas maures.

CLASSE LXV

590. **Comité Central.** — Petites pirogues en bois.
591. **Cros** (Félix) à Gorée. — Bâteaux de pêche de noirs et avirons pour pirogue.
592. **Lam-Toro.** — Pagaye. — Pirogue.
593. **Yamar M'Bodj.** — Pavillon de guerre.

SEPTIÈME GROUPE

CLASSE LXVII

594. **Amady-Natago.** — Mil dit tiotandi — Riz sauvage, blanc.
595. **Aumont** (André) à Saint-Louis. — Mil.
596. **Comité Central.** — Foigno de la Casamance. — Gros mil. — Petit mil. — Maïs. — Riz non décortiqué (Casamance).
597. **Demba-War.** — Maïs. — Mil dit Souna.
598. **Ibrahima N'Diaye.** — Mil dit fellah. — Mil dit souna. — Mil dit tigne.
599. **Lam-Toro-Amadi Matago.** — Gros mil blanc. — Gros mil (N' Daneri).
600. **N'Diambour.** — Épis de Sagno. — Épis de fellah. — Épis de Skouna. — Épis de Khroum.
601. **Noirot** (Ernest). — Mil. — Nénuphar (Graines). — Riz sauvage.
602. **Yamar M' Bodj.** — Corbeilles de mil. — Mil barry. — Mil fellah. — Mil tigne.

CLASSE LXVIII

603. **Demba-War.** — Pain de tamarin.

CLASSE LXXI

604. **Demba-War.** — Haricots.
605. **Lam-Toro.** — Haricots Niébés.

CLASSE LXXII

606. **Aumont** André, à Saint-Louis. — Sels marins.
607. **Noirot** (Ernest). — Cassia occidentalis (gousses et graines). — (Bintamaré des Ouolofs. — Adana des Peuls).

CLASSE LXXIII

608. **Amady Natago-Lam-Toro.** — Vins Tabaskné.

HUITIÈME GROUPE

CLASSE LXXIV

609. **Yamar-M' Bodj.** — Auge (bois balca).

NEUVIÈME GROUPE

CLASSE LXXIX

610. **Noirot** (Ernest). — Collection de plantes.

CLASSE LXXXI

611. **Lam-Toro-Anadi.** — Fruits de Soump.

RINGNES & Cᴵᴱ

Brasseurs

CHRISTIANIA (Norvège)

PILSEN, PALE ALE, BAVIÈRE

BIÈRE DE MÉNAGE

BOCK, LAGER BIÈRE

DIPLOME D'HONNEUR

Huit Médailles d'Or, etc.

ADMIS A L'EXPOSITION UNIVERSELLE

DE 1889

SECTION NORVÉGIENNE

MAISON MILLERET
LE GONIDEC
SUCCESSEUR
Fournisseur de la Marine et des Colonies

SUSPENSOIR MILLERET ÉLASTIQUE
SANS SOUS-CUISSES

Fabrique de Bandages, Ceintures ventrières, Bas pour Varices, etc.

INSTRUMENTS DE CHIRURGIE EN GOMME

INJECTEURS, IRRIGATEURS, URINAUX, etc.

49, Rue Jean-Jacques-Rousseau, 49
PARIS

COUVERTS & ORFÈVRERIE
ARGENTÉS

Ancne Mson TONNELLIER, fondée en 1845

L. RAVINET
Succr de A. LEJEUNE

83, Rue du Temple, 83
PARIS

TÉLÉPHONE

SERVICES DE TABLE, A THÉ ET A CAFÉ

ARGENTURE — DORURE — RÉARGENTURE

LA MARTINIQUE

PALAIS DES COLONIES (AILE GAUCHE)

DEUXIÈME GROUPE

CLASSE VI

612. **Almatis**. — Plan de l'école par M. Bruce. Instituteur-adjoint.
613. **Almatis**. École de garçons à Ajou-Bouillon. Cahiers de devoirs.
614. **Aude**. — École de garçons à Morne-Rouge. Cahiers de devoirs.
615. **Baucelin** (Mlle). — École de filles à Basse-Pointe. — Travaux à l'aiguille. — Cahiers de devoirs.
616. **Berté**. — École de garçons à Case-Pilote. — Cahiers de devoirs.
617. **Boutonnet**. — École de garçons, à Saint-Pierre. — Cahiers de devoirs.
618. **Chalon** (Mlle). — École de filles, à Anse-d'Arlets. — Travaux à l'aiguille. — Cahiers de devoirs.
619. **Coquenard** (Mme). — École de filles, à Diamant. — Travaux à l'aiguille. — Cahiers de devoirs.
620. **Decressonnière** (Mme). — École de filles, au Rûheur. — Cahiers de devoirs. — Travaux à l'aiguille.
621. **Degennes** (Mme). — École de filles à Saint-Joseph. — Cahiers de devoirs.
622. **Degennes**. — École de garçons, à Saint-Joseph. — Cahiers de devoirs.
623. **Doignon**. — École de garçons, à Mouillage-Saint-Pierre. — Cahiers de devoirs.
624. **École de filles de Basse-Pointe**, à la Basse-Pointe. Cahiers de devoirs mensuels, (trois cours).
625. **École de filles du Prêcheur**, (le Prêcheur). Cahiers de devoirs mensuels, (cours supérieur et cours moyen).

626. **École de filles de Saint-Joseph**, à Saint-Joseph.
Cahiers de devoirs mensuels, (cours supérieur, cours moyen et cours élémentaire).

627. **École de filles des trois Ilets**, (Trois Ilets).
Cahiers de devoirs mensuels, (cours supérieur.)

628. **École de garçons de Basse-Pointe**, (Basse-Pointe).
Cahiers de devoirs mensuels, (cours supérieur).

629. **École de garçons de Fort de France**, (Fort de France).
Cahiers de devoirs mensuels, (cours supérieur).

630. **École de garçons de Grand'Anse**, (Grand'Anse).
Cahiers de devoirs mensuels, (cours moyen).

631. **École de garçons du Gros-Morne** (Gros-Morne).
Cahiers de devoirs mensuels, (cours supérieur).

632. **École de garçons de Rivière-Pilote** (Rivière-Pilote).
Cahiers de devoirs mensuels, (cours supérieur).

633. **École de garçons de Saint-Pierre** (Centre) (Saint-Pierre-Centre.) — Cahiers de devoirs mensuels, (cours moyen).

634. **École de garçons de Saint-Pierre**, (Fort.) — (Saint-Pierre-Fort) — Cahiers de devoirs mensuels (Cours supérieur).

635. **École de garçons de Saint-Pierre** (Mouillage), (Saint-Pierre-Mouillage). — Cahiers de devoirs mensuels, (cours supérieur.)

636. **École de garçons du Lamentin**, (Le Lamentin). — Cahiers de devoirs mensuels, (cours supérieur).

637. **École de garçons du Saint-Esprit**, (Saint-Esprit). — Cahiers de devoirs mensuels, (cours supérieur et cours moyen).

638. **Fonteix**. — École de garçons, à Macouba. — Cahiers de devoirs.

639. **Gary**. — École de garçons à La Trinité. — Cahiers de devoirs.

640. **Giorsello** (Mlle). — École de filles à La Trinité. — Cahiers de devoirs. — Travaux à l'aiguille.

641. **Julien**. — École de garçons, à Fort-de-France. — Cahiers de devoirs. — Plans, cartes et dessins.

642. **Lacour**. — École de garçons, à Grande-Rivière. — Cahiers de devoirs.

643. **Lagrifoul**. — École de garçons à Vauclin. — Collections. — Cartes. — Plans. — Dessins.

644. **Laugeron** (M⁰). — École de filles, à Trois-Ilets. — Travaux à l'aiguille.

645. **Laugeron**. — École de garçons, à Trois-Ilets. — Cartes. — Dessins. — Plans.
646. **Legros**. — École de garçons, à Gros-Morne. — Cahiers de devoirs. Cartes. — Dessins. — Plans.
647. **Loraud**. — École de garçons, à Marigot. — Cahiers de devoirs. — Cartes. — Dessins. — Plans.
648. **Marcé** (Mlle). — École de filles, à Grand'Rivière. — Cahiers de devoirs. — Travaux à l'aiguille.
649. **Martin** (M^e). — École de filles, au Carlet. — Cahiers de devoirs.
650. **Martin**. — École de garçons à François. — Cahiers de devoirs.
651. **Maurin**. — École de garçons Morin. — Cartes. — Dessins. — Plans.
652. **Meyer** (Mlle). — Écoles de filles à Ajoupa-Bouillon. — Cahiers de devoirs.
653. **Poussier** (Mlle). — École de filles à Case-Pilote. — Cahiers de devoirs. — Travaux à l'aiguille.
654. **Régis-Cabonel**. — École de garçons, à Diamant. — Cahiers de devoirs.
655. **Roussignol** (M^e). — École de filles, à Saint-Anne. — Cartes. — Dessins. — Plans.
656. **Roussignol**. — École de garçons, à Saint-Anne. — Cartes. — Dessins. — Plans.
657. **Saint-Cyr** (Mlle). — École de filles, à Morne-Rouge. — Cahiers de devoirs.
658. **Saint-Claire**. — École de garçons, à Anse-d'Arlets. — Cahiers de devoirs.
659. **Service local**. (Martinique). — Groupe de 329 cahiers d'élèves provenant de diverses écoles.
660. **Thaly** (Mlle), écoles de filles, à Gros-Morne. — Cahiers de devoirs. — Cartes. — Dessins. — Plans.
661. **Voisin** (Mlle), écoles de filles, à Sainte-Marie. — Cahiers de devoirs — Cartes. — Plans. — Dessins. — Travaux à l'aiguille.

CLASSE VIII

662. **Bonafous** (Gaston). Professeur au lycée de la Martinique. — Collection de graines.
663. **Duss**. (Le révérend Père) à Saint-Pierre. — Herbier.

664. **Pyet et Quénard.** — Albums botaniques. — Spécimens de cartons botaniques.

665. **Service local.** (Martinique). — Collection de sujets d'histoire naturelle. — Herbier. — Collection d'objets d'importation à la Martinique. — Musées commerciaux.

CLASSE IX

666. **Colonie de la Martinique.** — Documents officiels publiés dans la colonie.

CLASSE XI

667. **Marliave**, (Mlle Louise). Martinique. — Objets en cire achetés par le service local.

668. **Rufin** (Marie-Cyprien-Hélène), à Saint-Pierre. — Objets en cheveux.

CLASSE XII

669. **Service local** (Fort-de-France). — Photographies.

669 *bis*. **Service local** (Martinique). — Album de photographies.

TROISIÈME GROUPE

CLASSE XVII

670. **Baltazar**, Christine-Jean-Octavius. (Habitation La Dufresne. Rivière salée.) — Buffets en laurier.

CLASSE XX

671. **Fabrique du Chaxel**, (Martinique). — Alcarazas (achetés au Lamentin par le service local).

CLASSE XXIX

672. **Service local.** (Martinique). — Corbeille en torchon, (achetée au Lamentin). — Panier en bambou, (acheté au Lamentin). — Balai en bambou, (acheté au Lamentin). — Balai en latanier, (acheté au Lamentin).

QUATRIÈME GROUPE

CLASSE XXXVI

673. **Cambell** (Louis-Isidore), à Saint-Pierre. Chapeaux en latanier.

674. **Francière** (Thérèse), à Saint-Pierre. — Robe d'enfant en batiste brodée.
675. **Service local.** — Chapeaux en latanier, en torchon du Lamentin.

CINQUIÈME GROUPE

CLASSE XLI

676. **Service local.** — Fragments de pétrification de pierres siliceuses.

CLASSE XLII

677. **Baltazar** (Christine-Jean-Octavius), habitation La Dufresne, rivière salée. — Bois du pays. — Planches en bois du pays. Écorces.
678. **Pécoul** (Héritier), à Saint-Pierre. — Echantillons de bois. — Cannelle.

CLASSE XLIII

679. **Huraux** (Ernest), (case Pilote). — Collection de coquillages de la Martinique.

CLASSE XLV

680. **Rey** (Théophile), (Le Lamentin). — Essence de citron. — Jus de citron concentré.
681. **Thierry** (Armand-Justin), (Grand-Rivière). — Indigo.

CLASSE XLVII

682. **Guay**, à Saint-Pierre. — Cuir tanné.

SIXIÈME GROUPE

CLASSE LX

683. **Service local** (Martinique). — Brides en agave (achetées au Lamentin). — Cravaches en liane de mer (Zoophyte). — Cravaches (achetées au Lamentin). — Licou en agave (acheté au Lamentin).

SEPTIÈME GROUPE

CLASSE LXVII

684. **Calonne** (Séraphin), à François — Fécules diverses.

CLASSE LXXI

685. **Huvard** (Marius), à Saint-Pierre. — Ananas.

CLASSE LXXII

686. **Bougenot** (E.), à Fort-de-France. — Sucre cristallisé, **sucre cristallisé, blanc.**
687. **Calonne** (Séraphin), à François. — Café. — Herbes puantes.
688. **Fouché** (Virgile), à Saint-Pierre. — Ananas au jus. — **Liqueur des Iles.**
689. **Hurard** (Marius), à Saint-Pierre. — Liqueur des Iles.
690. **Martineau** (Georges), à Sainte-Marie. — Schrubb Musky.
691. **Pécoul** (Héritiers), à Saint-Pierre. — Cacao. — Sucre brut. — Sucre turbiné.
692. **Ralu** (Adrien), à Saint-Pierre. — Café. — Cacao.

CLASSE LXXIII

693. **Agricole** (Eugène) La Trinité. — Eau-de-vie d'abricots. — Rhum vieux.
694. **Albert** (marque Albert) (Victor) à Saint-Pierre-Prêcheur. — Rhum. — Schrubb. — Tafia.
695. **Bailly** (Joseph) habitation Raynal Sarcus à Fort-de-France. — Rhum.
696. **Bellonie** (Théodore) à Saint-Pierre. — Rhumerie du Mouillage. — Rhum vieux. — Tafia ordinaire.
697. **Bonnoure** (Jules) But des Chanies, Fort-de-France. — Rhum. — Rhum fin.
698. **Bougenot** (E.) à Fort de France. — Rhum de diverses années.
699. **Collin** (H.) à Saint-Pierre. — Rhum.
700. **Dancenis** à Saint-Pierre. — Rhum et tafia.
701. **Dorn** (E.) et **Clarac** (F. à Fort-de-France). — Rhum. — **Vin d'ananas.** — Vin d'oranger.

702. **Duquesnay** (Jules) au Marin. — Rhum.
703. **Ettori** (Pierre Marie) rue Victor Hugo, à Saint-Pierre. — Cognac. Genièvre — Rhum.
704. **Fouché** (Virgile), à Saint-Pierre. — Vin d'Oranges.
705. **Gaston** (Jean-Joseph Emmanuel), à Fort de France. — Schrubb.
706. **Gérard frères**. — Rhum.
707. **Girard** (Louis) à Fonds Saint-Denis, commune de Saint-Denis. — Rhum. — Tafia.
708. **Grottes** (E. des), à St-Pierre. « Habitation Plaisance. » — Rhum.
709. **Hurard** (Marius) à Saint-Pierre. — Eau-de-vie de canne. — Rhum. — Tafia. — Vin d'oranges.
710. **Jousselain** (Léon) à Carbet. — Rhum. — Schrubb.
711. **Lalung** (Léo) à Saint-Pierre. — Rhum fin.
712. **Lapiquonne** (R. et E.) à Saint-Pierre. Usine des Roches carrées au Lamentin. — Rhum. — Schrubb.
713. **Lartigue** (Emmanuel) à Sainte-Philomène, Banlieue de Saint-Pierre. — Rhum. — Schrubb.
714. **Lasserre** (Edouard) à Saint-Pierre. — Rhum. — Tafia.
715. **Molinard** (Gaston) Passage Saulnier N° 5 à Paris. — Rhum.
716. **Ninet** (Félix) (Rhummerie HNR.) à Saint-Pierre. — Rhum.
717. **Pécoul** (Héritiers) à Saint-Pierre. — Rhum. — Tafia.
718. **Ralu** (Rénée-Claude-Adrien) à Saint-Pierre. — Eau-de-vie de canne à sucre. — Rhum.
719. **Riène** (Georges) à Saint-Pierre. — Rhum.
720. **Rousseau** (Ch.) rue St Louis, à St-Pierre. — Rhum. — Tafia.
721. **Roy** (Théophile) Saint-Omer. (Le Lamentin.) — Rhum extra fin. — Rhum fin.
722. **Saint-Aude** (Charliu), à Fort-de-France. — Vin d'oranges doux — Vin d'oranges sec.
723. **Saint-Léger Lalung**, à Saint-Pierre. — Rhum.
724. **Salmon** (Alexandre) à Saint-Denis. — Rhum.

NEUVIEME GROUPE

CLASSE LXXIX

725. **Potier**, directeur du Jardin botanique de Saint-Denis. — Collection de plantes médicinales, tropicales de la Réunion.

GUYANE

PALAIS DES COLONIES (AILE GAUCHE)

DEUXIÈME GROUPE

CLASSE VIII

726. **Administration pénitentiaire**. (Service matériel de la tranportation). — Iles du Salut.
Collection d'objets à l'usage des transportés.

TROISIÈME GROUPE

CLASSE XVII

727. **Administration pénitentiaire**. (Guyane). — Bibliothèque à vitrine pour cabinet de travail. — Bureau avec casiers pour cabinet de travail. — Canapé pour salon. — Cartonnier pour cabinet de travail. — Commode à tiroirs pour chambre à coucher. — Consoles pour salon. — Grande armoire pour cabinet de travail. — Guéridon pour salon. — Petites tables pour salon. — Table à découper (grande servante pour salle à manger). — Table à pieds tournés pour cabinet de travail. — Table à rallonges (12 couverts pour salle à manger). Table de nuit (chambre à coucher). — Table de salon. — Table (petite servante) pour salle à manger.

CLASSE XXI

728. **Administration pénitentiaire**. — Tapis en aloës (grand et petit).

CLASSE XXII

729. **Administration pénitentiaire**. — Stores.

CLASSE XXIX

730. **Administration pénitentiaire**. (Atelier de la Matelasserie). Paniers en arouma.

QUATRIÈME GROUPE

CLASSE XXXVI

731. Administration pénitentiaire. (Atelier de la Matelasserie.) — Salakos en arouma. — Souliers.

CLASSE XXXIX

732. Administration pénitentiaire. — Hamacs.

CINQUIÈME GROUPE

CLASSE XLII

733. Administration pénitentiaire. (Chantier forestier de l'Orapou.) — Collection d'échantillons de bois de diverses essences. — Collection de bois travaillés. — Arbalétrier, jambes de force en bois (habitation cayennaise de l'Exposition). — Bardeaux de wacapou. — Bois violet pour lucarnes. — Faîtages, lucarnes, poinçons en ébène verte. — Lames de revêtement et planches de grignon franc. — Linteaux en taoub. — Planches et lames de parquet en bois de rose mâle. — Poteaux en bois violet. — Poteaux en wacapou. — Revêtement en cèdre jaune. — Tirants en balata franc.

734. Administration pénitentiaire. (Chantier des trois Carbets). Arêtiers et combles en taoub (habitation cayennaise de l'Exposition). — Balustrade d'escalier en Coco. — Balustrade d'escalier en courbaril. — Balustrade d'escalier en satiné rubané. — Bardeaux en wapa gras. — Barreaux, lames de parquet, marches d'escaliers, planches en wacapou. — Liens, planches, sablières en cèdre noir. — Planches et madriers en bois violet. — Planches pour cloison en bois de rose femelle. — Tirants en balata franc.

735. Administration pénitentiaire (Nouveau chantier). — Bardeaux en bois de rose mâle (habitation cayennaise de l'Exposition). — Barreaux de balcon en bois de lettre moucheté. — Contremarches d'escaliers en moutouchi. — Lames de parquet, lucarnes, poteaux, sablières en bois violet. — Parquet de balcon en bois de rose mâle. — Planches, portes, voliges en cèdre jaune. — Planches en sassafras. — Poteaux en ébène verte. — Poteaux en wacapou. — Sablières, lucarnes en taoub. — Socles en cèdre noir. — Tirants en balata franc.

736. **Service local.** — Collection d'échantillons de bois.

CLASSE XLIII

737. **Administration pénitentiaire.** (Aelier de la Matelasserie). — Nasses en arouma.

SIXIÈME GROUPE

CLASSE L

738. **Administration pénitentiaire.** (Atelier de la Matelasserie). — Couleuvres ou presses à manioc en arouma.

CLASSE LXIV

739. **Administration pénitentiaire.** — Collection d'objets à l'usage des condamnés ou fabriqués par eux. Filtres en pierre et supports.

740. **Administration pénitentiaire.** (Relégation). — Vêtements en usage dans l'établissement.

C. IMBRYZEK
186, rue de Rivoli, PARIS

MÊME MAISON : 14, rue Castiglione, 14, (près la Place Vendôme)
ET A L'EXPOSITION COLONIALE, (ESPLANADE DES INVALIDES), PAVILLON DES GLACES

Le public trouvera dans les Magasins de M. C. IMBRYZEK un choix considérable de Nouveautés telles que :

PHOTOGRAPHIES ARTISTIQUES
EN TOUS GENRES

TABLEAUX DE SALON
MONOCLES, GRAPHOSCOPES, ETC.
VUES & SOUVENIRS DE PARIS
ET DE L'EXPOSITION

Meilleur Marché que partout ailleurs

ON PARLE ANGLAIS, RUSSE, POLONAIS ET ALLEMAND

C. IMBRYZEK
186, rue de Rivoli, PARIS
Opposite the Tuilleries

SAME HOUSE : 14, rue Castiglione, 14, (near Place Vendôme)
AND IN THE COLONIAL EXHIBITION, (ESPLANADE DES INVALIDES), PAVILLON DES GLACES

M. C. IMBRYZEK will be happy tho receive the visit of his American and English friends

ARTISTIC PHOTOGRAPHS
FROM NATURE

ENGRAVINGS — PICTURES
FANCY GOODS
VIEWS AND SOUVENIRS OF PARIS
AND OF THE UNIVERSAL EXHIBITION

Cheaper than any other House in Paris

ENGLISH, RUSSIAN, POLAND & GERMAN SPOKEN

ILES SAINT-PIERRE ET MIQUELON

PALAIS DES COLONIES. AILE GAUCHE

DEUXIÈME GROUPE
CLASSE VIII

741. **Administration locale.** — Collection d'objets d'importation à Saint-Pierre et Miquelon (musées commerciaux).

CINQUIÈME GROUPE
CLASSE XLIII

742. **Césarine** (La sœur), à Saint-Pierre. — Huile de foie de morue
743. **Riche** (P.), armateur, à Saint-Malo. — Huile de foie de morue

SIXIÈME GROUPE
CLASSE LXV

744. **Administration locale.** — Modèle de goëlette de pêche avec son gréement (objet préparé par feu M. Joret (Barthélemy), constructeur à Saint-Pierre.
745. **Ledreney** (Emmanuel-Auguste), à Saint-Pierre. (Raison sociale E. Ledreney).
   « *Dory* » embarcation pour la pêche à la morue.

SEPTIÈME GROUPE
CLASSE LXX

746. **Tajan et Poirier**, à Saint-Pierre. — Conserves de homard.

VINS
DE
QUINQUINA
AU
Bordeaux, Madère, Malaga, etc.

FAITS AVEC DES QUINQUINAS TITRÉS

On traite à forfait par Caisse ou Panier de 12 et 24 Bouteilles

Mes **VINS DE QUINQUINA** ne le cèdent en rien à ceux qui sont préparés par les meilleurs Pharmaciens de Paris, avec cette différence que je les vends bien meilleur marché.

EXPÉDITION FRANCO ET CONTRE REMBOURSEMENT
dans toute la France

Écrire ou s'adresser
A M. POIDEVIN
207, rue Lafayette, à PARIS.

OBOCK
ET PROTECTORAT DE TADJOURAH
PALAIS DES COLONIES. AILE GAUCHE

DEUXIÈME GROUPE
CLASSE XII

747. **Service local**. — Photographies représentant des vues de la Colonie.

TROISIEME GROUPE
CLASSE XVIII

748. **Service local**. — Traversins donkalis.

CLASSE XXI

749. **Service local**. — Nattes pour dormir. — Repose-tête.

CLASSE XXV

750. **Service local**. — Brûle parfums.

CLASSE XXIX

751. **Service local**. — Couffins. — Couvre-plats. — Plats. — Plats à manger.

QUATRIEME GROUPE
CLASSE XXXV

752. **Service local**. — Eventails.

CLASSE XXXVII

753. **Service local**. — Bracelets de bras en cuivre. — Bracelets de jambes en cuivre. — Bracelets de guerriers en perles.

CLASSE XXXVIII

754. **Service local**. — Boucliers. — Couteau à gaîne. — Couteau de chef, gaîne d'argent.

MAYOTTE & COMORES

PALAIS DES COLONIES (AILE DROITE)

MAYOTTE

PREMIER GROUPE

CLASSE IV

755. **Service local.** — Case indigène.

DEUXIÈME GROUPE

CLASSE VIII

756. **Service local.** — Collection d'objets d'importation, à Mayotte, — (Musées commerciaux).

CLASSE XIII

757. **Service local.** — Bot. — Caboussi. — Cahiamba. — Machébé. — Violon. — Tambour.

TROISIÈME GROUPE

CLASSE XVII

758. **Service local.** — Buffet avec étagères. — Bureau à étagères. — Kibani.

CLASSE XVIII

759. **Service local.** — Matelas. — Traversins.

CLASSE XX

760. **Service local.** — Marmites en terre du pays. — Sadjoas.

CLASSE XXI

761. **Service local.** — Nattes.

CLASSE XXIII

762. **Service local.** — Chambos. — Couteau avec gaîne. — Couteau ordinaire. — Rasoirs.

CLASSE XXV

763. **Service local.** — Tabatière en cuivre.

CLASSE XXIX

764. **Service local.** — Blague à bétel. — Plats en bois. — Râpe à coco. — Tamis en bambou.

QUATRIÈME GROUPE

CLASSE XXXV

765. **Service local.** — Bonnets. — Coffia.

CLASSE XXXVI

766. **Service local.** — Bonnet en paille. — Simbous assortis.

CLASSE XXXVII

767. **Service local.** — Bagues assorties. — Boucles d'oreilles (assortiment). — Bracelets assortis. — Colliers en perles de corail. — Colliers en perles ordinaires. — Colliers en verroterie.

CINQUIÈME GROUPE

CLASSE XLI

768. **Faymoreau** (de), à Mayotte. — Minerai de fer.
769. **Service local.** — Argile blanche. — Argile grise. — Argile rouge.

CLASSE XLII

770. **Service local.** — Graines de bois noir.
771. **Service local.** — Branches de raphia avec graines.
772. **Service local.** — Cuillers à pot. — Cuillers en bois.

CLASSE XLIII

773. **Faymoreau** (de) **et Mazaré.** — Caoutchouc brut.
774. **Service local.** — Caoutchouc brut. — Collection d'oiseaux du pays. — Coquillages. — Résine de bois noir.

CLASSE XLIV

775. **Faymoreau** (de), à Mayotte. — Fibres d'aloës. — Fibres d'ananas. — Variétés de coton.
776. **Faymoreau** (de) **et O. Mazaré**, à Combassi. — Fleurs de mancri (graminée indigène).
777. **Service local.** — Fibres de raphia.

CLASSE XLV

778. **Service local.** — Graines de cascavelle rouge.

SIXIÈME GROUPE

CLASSE L

779. **Service local.** — Mortier avec son pilon.

CLASSE LXV

780. **Service local.** — Boutres (Petits bateaux). — Pirogues.

SEPTIÈME GROUPE

CLASSE LXXII

781. **Faymoreau** (de), à Mayotte. — Vanille.
782. **Le Blanc**, à Mayotte. — Vanille.
783. **Faymoreau** (de), à Mayotte. — Cafés.

784. **Faymoreau** (de) et **O. Mazaré**, à Combassi. — Sucre brut
785. **Villéon**, à Mayotte. — Sucre brut.

CLASSE LXXIII

786. **Faymoreau** (de), à Mayotte. — Rhum.
787. **Le Blanc**, à Mayotte. — Rhum.

NOSSI-BÉ

PALAIS DES COLONIES. AILE DROITE

PREMIER GROUPE

CLASSE II

788. **Armanet**, administrateur à Nossi-Bé. — Aquarelles (scènes de la vie Malgache).

DEUXIÈME GROUPE

CLASSE VI

789. **Service local.** — Cahiers de l'école des garçons. — Cahiers de l'école congréganiste des filles. — Dessins.

CLASSE VIII

790. **Service local.** — Collection d'objets d'importation à Nossi-Bé. (Musées commerciaux).

CLASSE IX

791. **Service local.** — Rapports sur l'instruction publique, à Nossi-Bé.

CLASSE XIII

792. **Service local.** — Caboussa (instrument de musique Arabe). — Dzeuzi (instrument de musique Malgaches).

TROISIÈME GROUPE

CLASSE XVIII

793. **Service local**. — Oudana (oreillers Malgaches).

CLASSE XX

794. **Service local**. — Gargoulettes : Arabes, avec bœuf, ordinaires, terre noire filet orné. — Grande Sadjoie, petite Sadjoie. — Tanty (couvercles de plats), Vilany (marmites malgaches).

CLASSE XXI

795. **Service local**. — Tsü (nattes Arabes).

CLASSE XXIX

796. **Service local**. — Sotos, (cuiller en bois), soto aupoundo (cuille en corne de bœuf).— Soto lava (cuiller à pot). — Tobaka (cuiller en noix de coco). — Sahafo (van pour le riz).

QUATRIEME GROUPE

CLASSE XXXVI

797. **Service local**. — Pagnes. — Rabanes. — Satrokodara (chapeau de paille). — Satroko Hova, (chapeau Hova). — Paire Kirai (souliers indiens). — Paire Rastako (souliers Arabes).

CLASSE XXXVII

798. **Service local**. — Kéké (bracelet plat en argent). — **Pérata** (bagues en argent). — Vangvang (bracelets ronds en argent).

CLASSE XXXVIII

799. **Service local**. — Saboa (Sagaïes). — Fitetiki (haches malgaches).

CINQUIÈME GROUPE

CLASSE XLII

800. **Service local**. — Billes de bois. — (Ebène, palissandre).

CLASSE LIII

801. **Service local.** — Faury (grande roussette). — Ouinemaiaba (queue de raie). — Bloc de caoutchouc. — Sitisi vovo (casier à poisson). — Oiseaux en peau. — Peau de chat-tigre. — Auzoroukaro (Fouine).

CLASSE L

802. **Service local.** — Faudisso (pilon à riz). — Laïon (mortier).

SIXIÈME GROUPE

CLASSE LXV

803. **Service local.** — Boutre. — Pirogue.

SEPTIÈME GROUPE

CLASSE LXXII

804. **Service local.** — Échantillons de maïs et de riz.

CLASSE LXXII

805. **Knur** (Louis). — Café.

SAINTE-MARIE DE MADAGASCAR

CINQUIÈME GROUPE

CLASSE XLII

806. **Service local.** — Bonnets en paille. — Petits paniers en paille.

SEPTIÈME GROUPE

CLASSE LXXII

807. **Service local.** — Clous de girofle.

FABRIQUE DE BRONZE FANTAISIE
& BIJOUTERIE FILIGRANE

AMAND BÉNARD, BREVETÉ S. G. D. G.
Cité du Petit-Thouars, 8

RÉCOMPENSES INDUSTRIELLES : 1880, 1889

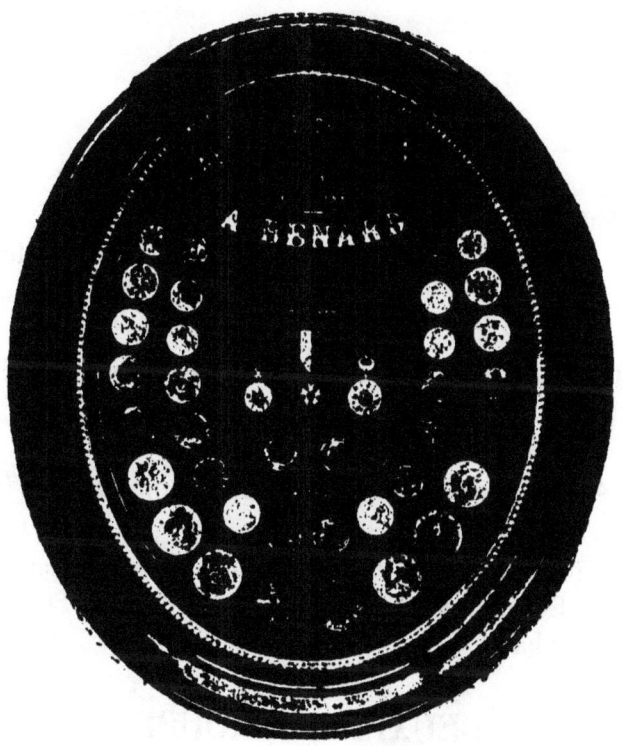

Articles orientaux — Petites Jardinières en vieil argent
Porcelaines et Cristaux montés — Boîtes à gants
et à mouchoirs — Coffrets riches et Bonbonnières filigrane —
Cabarets — Caves à odeur — Toilettes
Porte-photographies — Statuettes — Glaces — Flambeaux
Bougeoirs — Timbres — Parures et Bracelets
filigrane — Petites Veilleuses artistiques — Spécialité de Buires
et flacons nouveautés — Porte-monnaie — Nécessaires
Flaconniers — Voitures — Portes-cigares
Porte-montre — Portes-épingles — Œufs de Pâques — Encriers.

COMMISSION — EXPORTATATION

INDE FRANÇAISE

PALAIS DES COLONIES (AILE DROITE)

PREMIER GROUPE

CLASSE I

808. **Abbay-raw**. — Tableaux peints sur toile.
809. **Comité d'Exposition**. — Tableaux peints sur toile.

CLASSE II

810. **Comité d'Exposition**. — Peintures sur ivoire, toile et papier

CLASSE III

811. **Comité d'Exposition**. — Poulears en pierre verte (divinité hindoue). — Statuettes.
812. **Cornet** (Ernest). — Boîte contenant deux petits éléphants en marbre. — Statuettes en bronze de Bouddha. — Statue en marbre de Bouddha.

DEUXIÈME GROUPE

CLASSE VI

813. **Charotte Changarin**. — Livres maléalis imprimés. — Livres maléalis sur olle.
814. **Comité d'Exposition**. — Cahiers de devoirs de l'école primaire de Pondichéry. — École supérieure Calvé. — Plan de l'école primaire de Pondichéry. — Poinçon pour écrire sur olle. — Travaux exécutés par les enfants des écoles : dentelles, broderies, pantoufles, etc.

CLASSE VII

815. **Savarayalounaïker**. — Recueils de chants Tamouls. — Tableaux de chants Tamouls.

CLASSE VIII

816. **Suire**. — Fruits forestiers. — Graines.
817. **Comité d'Exposition**. — Tableau d'insectes. — Collection d'objets d'importation dans l'Inde (musées commerciaux).

CLASSE XI

818. **Comité d'Exposition**. — Toiles peintes d'Yanaon.

CLASSE XII

819. **Comité d'Exposition**. — Photographies. — Photographies des environs de Pondichéry et de Chandernagor.

CLASSE XIII

820. **Comité d'Exposition**. — Instruments de musique de Chandernagor. — Flûte de Chandernagor. — Tambourin de Chandernagor. — Tamtams de Chandernagor.

TROISIEME GROUPE

CLASSE XVII

821. **Arounassala Assary**. — Buffets en bois de bith sculpté. — Chaises en bois de bith sculpté. — Consoles en bois de bith sculpté.
822. **Cazes**. — Bahut en bois de bith sculpté. — Bureaux en bois de bith sculpté. — Chaises en bois de bith sculpté. — Fauteuils en bois de bith sculpté. — Table-bureau en bois de bith sculpté.
823. **Comité d'Exposition**. — Panneau en bois de bith sculpté du couronnement de Rama.
824. **Cornet**. — Bibliothèque en bois de bith sculpté.
825. **Martinet**. — Armoires en bois de bith sculpté. — Buffets en bois de bith sculpté.

CLASSE XVIII

825 *bis*. **Comité d'Exposition**. — Tentures en soie et coton.

CLASSE XIX

826. **Comité d'Exposition**. — Verre à eau et verres à boire de Mahé.

CLASSE XX

827. **Comité d'Exposition.** — Assiettes. — Carreaux en terre cuite vernissée. — Fruits en terre cuite et peints. — Gargoulette. — Indigoterie en terre cuite. — Plateau en terre cuite vernissée. — Statues en terre cuite vernissée. — Statuettes en terre cuite vernissée. — Vase à huile. — Vase en terre cuite vernissée. — Vase pour la pâte de Santal.

828. **Tandon Souprayapoullé.** — Plateau en terre cuite pour bétel. — Plateau en terre cuite pour bonbons. — Plateau en terre cuite pour pâtisserie.

CLASSE XXI

829. **Comité d'Exposition.** — Nattes en Kaer (bourre de cocos). — Nattes en jonc. — Nattes en rotin. — Tapis en bourre de cocos. — Tapis en coton d'Yanaon. — Tapis en laine. — Tapis en laine d'Yanaon. — Tattys en vétiver (stores).

CLASSE XXIV

830. **Comité d'Exposition.** — Boîte à tabac en argent. — Médaille de femmes indiennes de la côte malabare (en argent). — Panelle en cuivre rouge incrusté d'argent. — Plaques d'argent repoussé (de Pondichéry). — Plateau en cuivre rouge incrusté d'argent. — Pommes de cannes en argent. — Pommes de cannes en or et argent. — Porte-cigares en argent (Karikal). — Porte-carte en argent. — Rond de serviette en argent.

CLASSE XXV

831. **Comité d'Exposition.** — Péraumal en bronze (Divinité hindoue). — Cuillère en cuivre pour l'eau bénite. — Gobelet en cuivre rouge pour l'eau bénite. — Plaque en cuivre repoussé. Plateau en cuivre rouge. — Petites panelles en cuivre rouge, pour l'eau bénite.

832. **Delafon H.** — Objets de bronze.

CLASSE XXVII

833. **Comité d'Exposition.** — Cuillère en cuivre rouge pour l'eau bénite. — Gobelet en cuivre rouge pour l'eau bénite. — Petite

panelle en cuivre rouge pour l'eau bénite. — Plaque en cuivre repoussé. — Plateau en cuivre rouge. — Lampe à 5 mèches. — Lampe de Latchoumy. — Lampe de suspension de Mahé. — Lampes portatives. — Porte-lampe en cuivre de Chandernagor.

CLASSE XXVIII

834. **Comité d'Exposition.** — Batonnets fumants des Musulmans. — Essences.

CLASSE XXIX

835. **Comité d'Exposition.** — Boîte de cigares d'Yanaon. — Boîte en bois de santal. — Bracelets en laque incrustés. — Éventails en feuilles de palmiers. — Guirlandes de fleurs en moëlle d'aloës. — Plateau à bétel en rotin. — Plateaux.

CLASSE XXX

836. **Djégonadin.** — Toile bleue teinte à Pondichéry.
837. **Serot. E.** — Échantillons de fibres et tissus de bananier.

CLASSE XXXV

838. **Comité d'Exposition.** — Éventails en plumes de paon. — Éventails en vetiver. — Parapluie en olle de Mahé.

CLASSE XXXVI

939. **Comité d'Exposition.** — Aremoudy servant à cacher la nudité des filles en bas-âge. — Pagnes de Karikal. — Pagnes de Pondichéry. — Pagnes d'Yanaon et de Mahé. — Bonnets musulmans. — Bouquets en moëlle d'aloës. — Chapeaux fabriqués à Pondichéry. — Souliers et chaussures fabriqués dans l'Inde. Poupée habillée (riche indien). — Poupée habillée (riche Indienne). — Poupées habillées et ornées de bijoux imités.

CLASSE XXXVII

840. **Comité d'Exposition.** — Bagues bayadères en or. — Bracelets idem en or. — Bracelet en or (Todda). — Cachet en argent. — Collier en argent de femmes Indiennes. — Boîte de 24 bijoux en faux de Chandernagor. — Boucles d'oreilles de femme de la Côte malabare. — Boucles d'oreilles d'enfants. — Bracelets en verre.

CLASSE XXXVIII

841. Comité d'Exposition. — Bouclier de Mahé. — Bouclier d'Yanaon. — Couteaux et sabres de pagodes avec trident de Mahé.

CLASSE XL

842. Comité d'Exposition. — Éléphant surmonté d'un char. — Moulin à huile. — Palanquin avec 12 statuettes. — Picatte. — Statuettes en bois d'Yanaon. — Statuettes (diverses). — Statuettes (divinités). — Statuettes (professions). — Statuettes de moutchi (assises). — Statuettes de moutchi (debout).

CINQUIÈME GROUPE

CLASSE XLI

843. Comité d'Exposition. — Grès coquillier de Sedrapett. — Latérite du coteau de Perimbé. — Minerai de fer. — Minerais — Morceau d'arbre pétrifié de Téronvicaré. — Morceau de granit de Sedrapett. — Morceau de pierre calcaire de la rivière de Gengy. — Pierre en granit. — Psammite du coteau de Périmbé. — Assiette en cuivre de Mahé. Chaudière bouilloire en cuivre de Chandernagor. — Crachoir. — Crachoir en cuivre de Mahé. — Grande cuillère en cuivre de Chandernagor. — Panelle en cuivre de Chandernagor. — Panelle. — Passoire en cuivre pour le riz de Chandernagor. — Pelle en cuivre de Chandernagor. — Plat à manger en cuivre de Chandernagor. — Plat à dessert en cuivre de Chandernagor. — Porte aromates pour bétel. — Porte bétel en cuivre de Chandernagor. — Pot à eau en cuivre de Chandernagor. — Sonnette. — Tasses en cuivre de Chandernagor. — Terrine en cuivre de Chandernagor. — Vases à brûler de l'encens. — Verre à boire en cuivre de Chandernagor.

CLASSE XLII

844. Charotte Changarin. — Bois de Mahé.
845. Comité d'Exposition. — Bois de Mahé. — Bois du Pays (Pondichéry). — Boîtes en rotin. — Corbeilles en feuilles de palmier. — Corbeilles en rotin. — Cuillères en noix de cocos de Mahé. — Damier en feuilles de palmier. — Dessus de plats en feuilles

de palmier. — Fauteuils renversés en rotin. — Fauteuils en rotin. — Paniers en feuilles de palmier. — Petits vans en bambous. — Plateau en rotin. — Porte-cigares. — Porte-verres en rotin Suspension en rotin. — Trépieds en rotin. — Trépieds en rotin dits guéridons

846. **Thiraut.** — Branches et tiges de gui.

CLASSE XLIII

847. **Charotte Changarin.** — Cornes de cerf de Mahé.

848. **Comité d'Exposition.** — Cornes de bison. — Cornes de cerf d'Yanaon. — Dents de chitah. — Griffes de chitah. — Piquants de porc-épic. — Gomme. — Gomme de feronia éléphantum. — Produits tinctoriaux.

849. **Hecquet** (Inde). — Coquillages.

CLASSE XLIV

850. **Annamalé Douressamy et Cie (Inde).** — Arachides en coques. — Huiles d'arachides.

851. **Comité d'Exposition.** — Fibres d'agave américaine. — Fibres d'ananas sativa. — Fibres de cocos mucifera. — Fibres de crotalaria juncea. — Fibres d'hibiscus cannabinus. — Fibres de nusa paradisiaca. — Fibres de pandanus odoratissimus. — Fibres de ramie. — Fibres de sanseviera zeynalica. — Huile de cocos. — Huile de poissons. — Huile de ricin. — Huile de sésame. — Cigares fabriqués à Pondichéry. — Soie végétale. — Tiges de ramie récoltées à Pondichéry. — Tabac de Pondichéry en paquets. — Tabac d'Yanaon en paquets.

852. **Hecquet Souprayapoullé et Cie (Inde).** — Indigo.

853. **Mouttousamy** (Inde). — Fibres de Ramie.

854. **P. Pernon Bayol et Cie.** — Indigo (feuilles sèches). — Indigo (feuilles vertes).

855. **Sially-Krishnassamychetty (Inde).** — Indigo de Villenour (feuilles sèches).

CLASSE XLV

856. **Comité d'Exposition.** — Produits médicinaux.

CLASSE XLVII

857. **Comité d'Exposition**. — Peau de caïman. — Peau apprêtée à Pondichéry.
858. **Hecquet Poupraya et Cie**. — Peaux tannées de Pondichéry.

SIXIÈME GROUPE

CLASSE XLVIII

859. **Comité d'Exposition**. — Tableau du forage du puits artésien de Bahour.

CLASSE XLIX

860. **Comité d'Exposition**. — Charrues de l'Inde. — Couteau de sauraires. — Outils agricoles en fer.

CLASSE L

861. **Comité d'Exposition**. — Anneaux de puits. — Arcs musulmans pour carder le coton. — Moulin à huile. — Puits de fondation. — Rouet à égrainer le coton.

CLASSE LIV

862. **Comité d'Exposition**. — Cordes, câbles et ficelles en Kaër (bourre de coco). — Cordes de coton et ficelles. — Cordes en fibres de palmier.

CLASSE LV

863. **Comité d'Exposition**. — Métier à tisser d'Yanaon.

CLASSE LX

864. **Comité d'Exposition**. — Charrette de voyage.
865. **Comité d'Exposition**. — Chars indiens.

CLASSE LXIII

866. **Comité d'Exposition**. — Carreaux de stuc de l'Inde. — Tenailles de fer de Chandernagor.

CLASSE LXV

867. **Comité d'Exposition**. — Barque Bengali de Chandernagor.
868. **Poulain**. — Chelingue. — Kattimaron.

SEPTIÈME GROUPE

CLASSE XLVII

869. **Tandou Souprayapoullé.** — Bouquet de gerbes de riz en paille.
870. **Comité d'Exposition.** — Menus grains. — Fécule. — Nelly. — Riz.

CLASSE LXIX

871. **Bala Soupramaniachetty.** — Huile.
872. **Comité d'Exposition.** — Beurre fondu.

CLASE LXX

873. **Bala Soupramaniachetty.** — Boîtes de conserves.

CLASSE LXXI

874. **Comité d'Exposition.** — Légumes secs.

CLASSE LXXII

875. **Bala Soupramaniachetty.** — Achards. — Sirop.
876. **Comité d'Exposition.** — Café de Mahé. — Epices. — Poudre à Kari. — Sucre brut. — Vanille. Vinaigre du Callau.
877. **Dj. Achart.** — Vanille.

CLASSE LXXIII

878. **Bala Soupramaniachetty.** — Punch.
879. **Charotte Changarin.** — Arrack de Mahé.
880. **Comité d'Exposition.** — Arrack.
881. **Phaure.** (J.) — Punch.

NEUVIÈME GROUPE

CLASSE LXXXII

822. **Comité d'Exposition.** — Graines forestières.

TAHITI

PALAIS DES COLONIES. — AILE DROITE

PREMIER GROUPE

CLASSE III

883. **Labbeyi** (Papeete). — Fronton en nacre. (Marquises). — Idole Tiki marquisienne.
884. **Longomazino** (Hégésippe). (Papeete). — Idole (Tii) en corail. — Idole (Tii) en pierre.
885. **Service local** (Papeete). — Idoles Tii des tombeaux indigènes
886. **Vienot** (Charles) (Papeete). — Divinité (Tii) marquisienne. Idoles de l'Ile de Pâques. Tombeaux marquisiens.

CLASSE IV

887. **Service local.** (Papeete). — Cases indigènes avec dépendances.

DEUXIÈME GROUPE

CLASSE VI

888. **Ecoles françaises indigènes**. (Papeete). — Travaux d'élèves des deux sexes.

CLASSE XII

889. **Hoare** (Mme) (Papeete.) — Photographies sur papier.

CLASSE XIII

890. **Delaruelle** (Lieutenant de vaisseau) (Papeete). — Tambour canaque (Tuamotu).
891. **Labbeyi** (Papeete). — Passants de tambourins en os humains. (Marquises).
892. **Vienot** (Charles) (Marquises). — Conque marine des Marquises avec cheveux. — Flûte canaque pour le nez.

TROISIÈME GROUPE

CLASSE XVII

893. **Poroi** (Adolphe) (Papeete). — Queues de billard en bois de cocotier rose. — Queues de billard en bois de tou.

894. **Service local** (Papeete). — Lit de chef (Purahi raa tauto).

CLASSE XVIII

895. **Vienot** (Charles) (Papeete). — Cadres en bois d'oranger brut.

CLASSE XXVIII

896. **Gibson** (Mme Elisa) (Papeete). — Huile de coco (Monoï).

CLASSE XXIX

897. **Gibson** (Mme Elisa) (Papeete). — Couronne en canne à sucre, couronne en pia (Tacca pinnatifida).

898. **Labbeyi** (Papeete). — Coupe de chef. — Crâne (Marquises). — Outils à tatouer (Marquises). — Tasse de chef (Marquises).

899. **Salmon** (Tati) (Papara). — Diverses tresses de cannes à sucre pour chapeaux.

900. **Service local** (Papeete). — Paniers.

901. **Van der Veene** (Veuve) (Papeete). — Couronne en pandanus Couronne en pia (tacca pinnatifida). — Suspension en pia (tacca pinnatifida).

902. **Vienot** (Charles) (Papeete). — Panier rigide. — Paniers tressés. Calebasses.

QUATRIÈME GROUPE

CLASSE XXXV

903. **Poroi** (Adolphe) (Papeete). — Canne en bois de cocotier. — Canne en bois de rose (Thespesia populnea). — Cannes en bois de Tamanou (Calophyllum inophyllum). — Cannes en bois de tou (Cordia subcordata).

904. **Van der Veene** (Veuve) (Papeete). — Ecran en canne à sucre. — Ecran en pia (Tacca pinnatifida).

CLASSE XXXVI

905. **Donat** à Fakarava, (Marquises). — Chapeau, tresse trouée; chapeau en pandanuss, tresse fine.
906. **Gibson** (Mme Elisa) (Papeete). — Cartes d'échantillons de tresses pour chapeaux. — Pantoufles en pia (Tacca pinnatifida). — Tiputa, vêtement tahitien en écorce de Maïoré (artocarpus incisa).
907. **Labbeyi** (Papeete). — Barbe de vieillard (Marquises). — Cheveux pour jambes d'enfants, ornements des Marquises. — Couronne de dents de poissons, plumes pour jambes (Marquises). — Touffe de cheveux (Marquises).
908. **Salmon** (Tati) Papara. Tahiti. — Paille de bambou pour chapeaux. — Paille de canne à sucre pour chapeaux. — Paille de mou (cyperus pinnatus). — Paille de pandanus pour chapeaux.
909. **Van der Veene** (Vve) Papeete. — Branche de fleurs (bambou et feï). — Chapeaux d'homme (feï et canne à sucre). — Chapeaux en pandanuss pour dames. — Cartes d'échantillon de tresses (pia, feï, bambou).
910. **Vienot** (Charles) Papeete. — Coiffures en plumes (Ile de Paques).

CLASSE XXXVII

911. **Labbeyi** (Papeete). — Boucles d'oreilles (Marquises). — Colliers pour femmes (Marquises).

CLASSE XXXVIII

912. **Service local** (Papeete). — Haches en pierre (Toï).
913. **Vienot** (Charles) (Papeete). — Arcs — Bâton armé de lave. — Casse-tête (Iles Salomon). — Cuirasse en fibres de cocotier (Iles Gilbert). — Flèches, flèches empoisonnées. — Sagaies de divers points de l'Océanie.

CINQUIÈME GROUPE

CLASSE XLII

914. **Poroi** (Adolphe) (Papeete). — Bois.

CLASSE XLIII

915. **Goupil** (Papeete). — Crabe de cocotier (Birgus latro). — Coquillage (Paoaoa) avec bouquet de corail. — Huître perlière avec

bouquet de corail (2 valves). — Huitre perlière avec éponge. — Huitres perlières (2 valves).

916. **Salmon** (Tati) (Papara). — Hameçons en nacre. — Lignes de pêche pour [...] (Peintures argentées).

917. **Service local** (Papeete). — Panier pour la pêche (hinaï), paniers pour la pêche (Tavae et haupua).

918. **Vienot** (Charles). — Coquillages.

CLASSE XLIV

919. **Goupil** (Papeete). — Coprah (amande de coco desséchée pour la fabrication de l'huile).

920. **Robin** (Félix) (Taone). — Bourre de coco. — Cellulose. — Cellulose n° 2. — Coton égrené. — Coton non égrené. — Fibres de coco. — Huile de coco.

921. **Salmon** (Tati) (Papara). — Coton en graines et en balles. — Fibres d'ananas, de curcuma, de mati (ficus tinctoria). — Feuilles textiles pour lignes de pêche. — Fibres de burao (paritium tiliaceum), en guirlande. — Cannes à sucre.

SIXIÈME GROUPE

CLASSE L

922. **Labbeyi** (Papeete). — Pilons (Marquises).

923. **Service local** (Papeete). — Bassin pour écraser les fruits indigènes (Umete). — Papahia, planche servant à préparer le féï (musa-féï). — Pilons.

924. **Vienot** (Charles) (Papeete). — Mortier tahitien et son pilon.

CLASSE LIII

925. **Service local**. — Battoirs à étoffes d'écorces (ié).

CLASSE LIV

926. **Vienot** (Charles) (Papeete). — Corde en poil de roussette (provenance calédonienne).

CLASSE LXV

927. **Service local**. — Pirogue de pêche. — Pirogue à voile. — Pirogue double.

928. **Vienot** (Charles) (Papeete). — Pagaies de marquises. — Pirogues.

SEPTIÈME GROUPE

CLASSE LXVII

929. **Goupil** (Papeete). — Fécule d'Arrow-root (Tacca pinnatifida). — Fécule de coco. — Fécule de Maïoré (Artocarpus incisa). — Fécule de Mape (Inocarpus edulis). — Fécule de Manioc. — Manihot aïpi.

CLASSE LXXI

930. **Goupil** (Papeete). — Maïoré ; fruit à pain desséché (Artocarpus incisa). — Taro desséché (Colocasia esculenta). — Féï desséché (Musa féï).

CLASSE LXXII

931. **Plantation de Vaï-hiria** (Mataiea). — Cassonade.
932. **Salmon** (Tati) (Papara). — Cacao. — Café. — Vanille.
933. **Vallès** (Moorea). — Café.

CLASSE LXXIII

934. **Challier** (Papara). — Rhum.
935. **Plantation de Vaï-hiria** (Mataiea). — Rhum.

LA GUADELOUPE

ET DÉPENDANCES

BATIMENT SPÉCIAL DANS L'AXE DE LA RUE SAINT-DOMINIQUE

PREMIER GROUPE

CLASSE II

936. **Guesde** (Louis), à la Pointe-à-Pitre. — Collection d'aquarelles (antiquités caraïbes).

DEUXIÈME GROUPE

CLASSE VIII

937. **Guesde** (Louis). — Collections d'antiquités caraïbes.
938. **Sous-Comité d'Exposition**, à la Pointe-à-Pitre. — Coquilles fossiles de la Grande-Terre. — Collection d'articles d'importation. (Musés commerciaux).

CLASSE IX

939. **Imprimerie du Gouvernement**. — Livres et publications diverses.
940. **Longueteau** (Mme). — Album de fruits de la Guadeloupe, textes et planches.

CLASSE XVI

941. **Sous-Comité de la Basse-Terre**. — Carte de la Guadeloupe.

TROISIÈME GROUPE

CLASSE XVII

942. **Sous-Comité** de Marie Galante, à Marie Galante. — Chaises. — Tabourets.
943. **Woodside**. — Chaises.

CLASSE XVIII

944. **Laclef** (veuve). — Couvre-pieds.
945. **Sous-Comité d'Exposition**. — Paillasses.

CLASSE XX

946. **Cassin**. — Briques. — Briques coniques. — Briques pleines. — Carreaux.
947. **Sous-Comité d'Exposition**, à la Pointe-à-Pitre. — Double monkey. — Jarres de Saint-Martin. — Potiches. — Pots à fleurs.

CLASSE XXI

948. **Bény** (Jean-Baptiste), à Saint-Barthélemy. — Natte.
949. **Sous-Comité d'Exposition**, à la Pointe-à-Pitre. — Natte en latanier. — Paillassons.

CLASSE XXVIII

950. **Sorret**. — Gombo musqué.
951. **Sous-Comité d'Exposition**. — Vétiver.

CLASSE XXIX

952. **Almeïda** (Sidonie), à Saint-Barthélemy. — Cabas en paille.
953. **Bény** (Julia), à St-Barthélemy. — Paniers en graines de réglisse.
954. **Bernier** (Marie). — Paniers en graines de réglisse. — Paniers en paille.
955. **Bény**. — Panier.
956. **Brin** (Mme). — Croix.
957. **Bunel** (Mme). — Cabarets. — Coqs.
958. **Corbières** (Maria). — Bracelets en graines. — Colliers en graines. — Paniers en graines.
959. **Déravin** (Caroline). — Bouquets en écailles de poissons.
960. **Déravin** (A.), à Saint-Barthélemy. — Paniers. — Plateaux. — Poche à tabac. — Porte-montre.
961. **Déravin** (C.), à Saint-Barthélemy. — Ouvrage en coquilles. — Panier. — Plateaux.
962. **Déravin** (E.), à Saint-Barthélemy. — Paniers. — Paniers en graines de réglisse.

963. **Déravin** (Léonie), à Saint-Barthélemy. — Corbeille en paille. — Dessous de lampe.
964. **Dinzey** (Mlle), à St-Barthélemy. — Aumônière. — Porte-montre.
965. **Fichu** (A.), à Saint-Barthélemy. — Panier en paille.
966. **Haezel H.** (Mme). — Pelote. — Porte-montre.
967. **Hassell** (Charles), à Saint-Barthélemy. — Corbeilles en fibres de yucca. — Pelote en paille de Cuba. — Porte-montre en fibres de yucca.
968. **Hodge** (E.-V.). — Bouquets.
969. **Hodge** (Louisa), à Saint-Barthélemy. — Ornement en coquilles. — Pot à fleurs en coquilles. — Porte-montre.
970. **Illidge**. — Beurriers en gaïac. — Mortiers en gaïac. — Service pour fumeur. — Verres en gaïac. — Verres en quassia amara.
971. **Laurent** (E.), à Saint-Barthélemy. — Cassette en paille. — Porte-montre en coquilles.
972. **Magras** (A. L.), à Saint-Barthélemy. — Corbeilles. — Maison en coquilles. — Paniers en graines de réglisse.
973. **Perillier** (Mme). — Bouquet.
974. **Richard** (Mme). — Pelote.
975. **Ridderhjerta** (Mlle), à Saint-Barthélemy. — Corbeille de fleurs en écailles de poissons. — Croix en coquilles.
976. **Sous-Comité d'Exposition**, à Marie Galante. — Boîtes à gants.
977. **Sous-Comité d'Exposition** à la Pointe à Pitre. — Balais en bambou. — Balais en latanier. — Boîtes à gants. — Boîte à mouchoirs en bois variés : mancenillier, myn. — Cadres en bois de myn. — Calebasses. — Mortiers en poirier. — Paniers à œufs. — Paniers caraïbes. — Paniers en bambou. — Paniers en liane. — Porte-liqueurs en bois de myn. — Porte-coquetier en bois de mancenillier. — Vase en fougère.
978. **Vlaun** (P. S.), à Saint-Barthélemy. — Boîte à ouvrage en bois de Mahogoni. — Cabarets.
979. **Woodside** (L.). — Corbeille à fleurs. — Paniers. — Porte-montre. — Vide-poche.

QUATRIÈME GROUPE
CLASSE XXX

980. **French** (Mlle), (Marigot) Saint-Martin. — Coton soie.

CLASSE XXXIV

981. **Bunel** (Mme), à Saint-Barthélemy. — Dentelle au crochet.
982. **Déravin** (Léonie), à Saint-Barthélemy. — Dentelle au crochet.
983. **Will** (E). — Travail, points à jour.

CLASSE XXXV

984. **Bény** (Jean Baptiste), à Saint-Barthélemy. — Éventail en paille de maïs. — Éventails.
985. **Bernier** (C.), à Saint-Barthélemy. — Éventails en paille.
986. **Bernier** (Marie), à Saint-Barthélemy. — Éventails en paille de maïs.
987. **Brin**. — Éventails.
988. **Bunel** (Mme). — Éventails.
989. **Déravin** (C.), à Saint-Barthélemy. — Éventails.
990. **Déravin** (L. Mme). — Éventails.
991. **Ducorps** (Ch.). — Éventails.
992. **Duchatellard** (E.-H.), à Saint-Barthélemy. — ventail.
993. **Hilaire**. — Éventails.
994. **Laurent** (E.), à Saint-Barthélemy. — Éventail.
995. **Sous-Comité d'Exposition**. — Éventails en latanier.

CLASSE XXXVI

996. **Aye** (Evelina), à Saint-Barthélemy. — Chapeau de dame.
997. **Bény** (Julia), à Saint-Barthélemy. — Chapeau de paille.
998. **Curet** (S.-P.), à Saint-Barthélemy. — Chapeaux.
999. **Déravin**. — Chapeaux d'homme.
1000. **Garin** (M.-F.). — Chapeaux d'enfants, de dames.
1001. **Hilaire** (A). — Chapeaux de dames, d'hommes.
1002. **Hilaire** (J.-E). — Chapeaux. — Chapeaux d'hommes.
1003. **Pichelin** (Mme). — Chapeaux. — Chapeaux d'hommes.
1004. **Sous-Comité d'Exposition**. — Robes de bonnes, de cuisinières, des insouciantes, des ménagères, des silencieuses. — Tête amarrée de grand deuil. — Têtes amarrées : cuisinières, ménagères, silencieuses.

CLASSE XXXVII

1005. **Déravin** (E). — Bracelets.
1006. **Hodge** (L). — Broches.

CLASSE XXXVIII

1007. **Pichelin**. — Casques.

CLASSE XXXIX

1008. **Bény** (Jean-Baptiste) à Saint-Barthélemy. — Hamac.
1009. **Bény**. — Hamacs.

CLASSE XL

1010. **Brin**. — Jouet.
1011. **Hilaire** (A. à Saint-Barthélemy. — Jouet.

CINQUIÈME GROUPE

CLASSE XLI

1012. **Beauperthuy** (Héritiers), quartier d'Orléans; Saint-Martin. — Sel.
1013. **Moreilhon**. — Fer natif. — Phosphate de chaux.
1014. **Sous-Comité d'Exposition**. — Fer titanique, rognures de fer. — Sable ferrugineux.

CLASSE XLII

1015. **Cabre** (Maurice). — Madrier de magnolia. — Madrier de bois de rose.
1016. **Carpe**. — Bois d'essences diverses.
1017. **Latapie**. — Rocou en pâte.
1018. **Lauriol**, Trois-Rivières, habitation Sapotille. — Coprah.
1019. **Sous-Comité d'Exposition**, à la Pointe-à-Pitre. — Billes de mancenillier (Hippomane mancinella). — Billes de quassia amara. — Bois de maby dans un panier à bagasse en liane, en bambou. — Graine de sapote. — Échantillons de bois de la Guadeloupe. — Plateaux de cachiman de montagne (Magnolia Plumieri).
1020. **Sous-Comité d'Exposition**, à la Basse-Terre. — Échantillons de bois d'essences diverses. — Fougères (Arbres). — Troncs de fougères.

1021. **Turenne** (Jean-Baptiste), à la Pointe-à-Pitre. — Planches d'acajou du pays (Cedrela odorata.)

CLASSE XLIII

1022. **L'herminier** (Marie), à la Pointe-à-Pitre. — Coraux. — Éponges.
1023. **Levic** (M. F.). — Nasse.
1024. **Musée L'Herminier**, à la Pointe-à-Pitre. — Collection d'oiseaux.
1025. **Pichelin** (M.). — Cheval de mer. — Collection de coquilles. — Crabes.
1026. **Rameau** (S. V.). — Cocos secs.
1027. **Sorret** (Nicolas). — Graines de cotonnier.
1028. **Sous-Comité d'Exposition** à la Pointe à Pitre. — Carcasse d'une grande nasse. — Champignons. — Chauve-souris de mer. — Coco pour puiser de l'eau. — Collection de coquillages, de graines, d'oiseaux en peaux. — Coraux. — Eponges. — Encens blanc. — Epervier. — Gardes d'écrevisses. — Gomme du gommier de montagne. — Gousses de Courbaril. — Graines et gousses de Wa-Wa. — Nasses à écrevisses. — Nasses de mer à une et deux entrées. — Queues de raies. — Tortue caret. — Tortue franche.

CLASSE XLIV

1029. **Bedfort** (Anténor). — Tabac en feuilles. — Maryland. — Porto-Plata. — Virginie.
1030. **Boudet** (Nicolas), à la Basse-Terre. — Tabac en poudre.
1031. **Laporte** (Delphine), à la Pointe-à-Pitre. — Cigares. — Tabac à priser.
1032. **Mortimer**. — Carottes de tabac à pipe. — (culture du pays).
1033. **Noüy** (Auguste). Carottes de tabac à pipe culture du pays. — Tabac en feuilles.
1034. **Rollin** (vieux habitants). — Rocou en gousses. — Rocou en graines.
1035. **Rous** (Léo). — Filasses d'ananas.
1036. **Sorret** (Nicolas). — Graines de ricin.
1037. **Sous-Comité d'Exposition**, à la Basse-Terre. — Graines de Rocou. — Tabac américain. — Tabac créole.

CLASSE XLV

1038. **Arsonneau** à Marie-Galante. — Eau de fleurs d'oranger.
1039. **Favreau**. — Eau minérale et thermale de la Ravine-Chaude.
1040. **Sous-Comité d'Exposition**. — Eau sulfureuse de la source Sofaïa.

CLASSE XLVII

1041. **Ariste** (L.). — Cuir à semelles.
1042. **Colardeau** (André). — Basanes naturelles. — Cuir à semelles. — Cuir blanc dit de Hongrie. — Cuir jaune. — Cuir noir. — Maroquin.
1043. **Nicolas** (C.). — Cuir à semelles. — Cuir noir. — Veau ciré.

SIXIÈME GROUPE

CLASSE L

1044. **Sous-Comité d'Exposition**, à la Pointe à Pitre. — Bâtons lélés. — Hibichets. — Sac à presser le manioc.

CLASSE LII

1045. **Colardeau** (André). — Courroie double de transmission. — Paquets de lanières blanches. — Spécimens de courroies simples.
1046. **Illidge**. — Moufle. — Poulie.

CLASSE LIII

1047. **Illidge**. — Manches d'outils. — Rabot à moulures. — Rabots. — Varlope.

CLASSE LIV

1048. **Sous-Comité d'Exposition**, à la Pointe à Pitre. — Cordes en abaca. — Cordes en carata. — Cordes en coco. — Cordes en corrossol. — Cordes en latanier. — Cordes en mahot. — Cordes en ramie.

CLASSE LX

1049. **Colardeau** (André). — Courroies à jouguer les bœufs. — Dossière pour harnais d'instruments agricoles. — Harnais jaune de charrette. — Harnais en cuir noir pour charrette.

1050. **Loubis** (Charles). — Bandage créole. — Bride créole. — Couverture de selle sans couture. — Licol créole. — Sangle de selle.

1051. **Sous-Comité d'Exposition**. — Attelles. — Bâtons variés. — Jougs en poirier. — Roues de charrette d'habitation. — Courroies. — Jante en galba. — Moyeu en savinette. — Rayons en bois d'Inde.

SEPTIÈME GROUPE

CLASSE LXVII

1052. **Bonin**. (Basse-Terre). (Habitation Bisdari.) — Riz en épis. — Riz en parche.

1053. **Moreilhon**. — Arrow-root.

1054. **Saint-Ville Rameau**. — Maïs en épis.

1055. **Sous-Comité d'Exposition**. — Farines de Manioc. — Moussache. — Noix d'acajou.

CLASSE LXVIII

1056. **Middletz** dite **Mameruelle** (Emilie). — Gâteau de Savoie.

CLASSE LXXI

1057. **Numa Damas** (Mme). — Fruits cristallisés.

CLASSE LXXII

1058. **Agapus** (Amédée). — Vinaigre de cacao.

1059. **Bernus** (Hildebert). — Cacao. — Café bonifieur.

1060. **Boniface** (**A.**) et **V. Binet Guérin**, à la Pointe à Pitre. Cacao en grains.

1061. **Boulogne**. — Vanille.

1062. **Cabre** (M^o Maurice). — Café bonifieur. — Café Bourbon pointu bonifié. — Café habitant, café Libéria non décortiqué. — Café Libéria bonifié. — Café Moka bonifié.

1063. **Cabre** (Louis). — Café Guadeloupe. — Café Moka. — Café pois vert. — Chocolat amer, sucré. — Curaçao. — Vanille du Mexique. — Vanillons.

1064. **French** (Mlle), Marigot Saint-Martin. — Guava Berry. — Sirop pectoral.

1065. **Gogny** (Marie). — Cœur de Palmiste, piments et pourpier au vinaigre. — Compote de goyaves. — Confitures d'abricots. — d'acajou. — d'ananas. — de chadec. — de citrons. — Confitures de grappes de cythère, de groseilles jaunes, de tamarins, de tomates. — Fleurs de palmiste et piments au vinaigre. — Gelée de goyaves. — Marmelades de goyaves.

1066. **Grellin**. — Vanille — Vanillon.

1067. **Laquitaine**, Gourbeyre. — Vanille.

1068. **Lauriol** aux Trois Rivières. (Habitation Sapotille). — Cacao caraque. — Cacao créole. — Café bonifié. — Café moka. — Café en parche.

1069. **Numa-Damas** (M.). — Abricots. — Abricots à l'eau-de-vie. — Amandes. — Anis. — Bonbons à la moussache. — Bouteilles de liqueur, de sirop. — Branches d'oranger. — Coriandre. — Dragées mélangées. — Marmelade. — Piments. — Pralines.

1070. **Rous** (Léo), à la Pointe à Pitre. — Ananas au naturel. — Citrons confits au sucre. — Gelée de goyaves.

1071. **Sorret** (Nicolas). — Café Moka. — Vanille.

1072. **Sous-Comité d'Exposition** à Marie-Galante. — Liqueur de Mombin.

1073. **Sous-Comité de la Basse-Terre**. — Cacao. — café bonifieur. — Café habitant.

CLASSE LXXIII

1074. **Bailly** (G.) et **Lesaint** (J.) à la Pointe à Pitre. — Rhums de 1re qualité. — Rhums de 2e qualité. — Vieux tafia.

1075. **Bessat**, Sainte-Rose, Habitation La Viard. — Rhum.

1076. **Bertaud** (Auguste). — Tafia de 1889.

1077. **Brice Boulogne**. — Rhum de 1888. — Vanille.

1078. **Bouvier** (Yve), Habitation Fort Ile Goyave. — Rhum.

1079. **Boyer** (Edmond), Capesterre. — Tafia (1 mois de fabrication). — Tafia coloré (8 mois de fabrication).

1080. **Brumant et Beauperthuy** et Cie Tafia de 1889 (usine Duval).

1081. **Cabre** (Louis). — Rhum. — Vin d'orange.

1082. **Colardeau**. — Rhum de 1865, de 1871 et 1883.

1083. **Cordonnié** (Pierre), à la Pointe à Pitre. — Rhum de 1878, Rhum de 1884, Rhum de 1886.

1084. **Crédit foncier Colonial**, à la Pointe à Pitre. — Rhum de l'usine «Bonne-Mère». — Tafia de Duquerry.

1085. **Dormoy** (Paul). — Tafia de 1889.

1086. **Duchassaing**. — Rhum de cannes à sucre.

1087. **Decap-Boulogne**, à Capesterre (Marie-Galante). — Rhum de 1886.

1088. **Figuières** (A.), Capesterre, Marie-Galante. — Rhum.

1089. **French** (Mlle), Marigot Saint-Martin. — Bay Rhum. — Rhum.

1090. **Gérard** (frères). — Rhum.

1091. **Héritiers-Thersily-Bonneterre**, Marie-Galante, Habitation Vidon. — Rhum. — Rhum de 1883. — Tafia de 1888.

1092. **L'Herminier**. — Tafia de 1889.

1093. **Moreilhon**. — Guava-Berry distillé. — infusé. — vieux.

1094. **Noüy**. — Tafia de 1889 — Vieux Rhum.

1095. **Pauvert** (Héritiers). — Tafia de 1889 (usine Sainte Marthe).

1096. **Raddenais**. — Rhum.

1097. **Saint Ville Rameaux**. — Vieux Rhum.

1098. **Souques et Cie**. — Rhums de 1880 et de 1888.

1099. **Sous-Comité d'Exposition**, à Marie-Galante. — Rhum. — Tafia.

1100. **Van Romondt** à St-Martin, Habitation Belle-Plaine. — Rhum de 1880; 1885, 1886, 1887, 1888.

COMMISSION — EXPORTATION

A. CARPENTIER ET Cᴵᴱ

10 et 12, Rue Richer, 10 et 12

PARIS

FABRIQUE
DE PASSEMENTERIE

EN TOUS GENRES

SPÉCIALITÉ

DE FRANGES HAUTE NOUVEAUTÉ

ET

TOUS ARTICLES

concernant la Haute Nouveauté pour Dames

CAMBODGE

Il a paru intéressant, à l'occasion de l'Exposition coloniale, de mettre sous les yeux des visiteurs un spécimen de l'architecture Khmer.

Ce peuple, originaire de l'Inde, dont descendent les Cambodgiens actuels, était arrivé à un haut degré de civilisation du troisième siècle avant J.-C. au dixième siècle de notre ère. Les ruines que l'on rencontre encore en grand nombre témoignent de cette civilisation, qui a dû disparaître sous les envahissements des peuples voisins. Un pavillon spécial a été construit sur l'Esplanade des Invalides, à droite du Palais de la Cochinchine.

M. Fabre architecte, s'est principalement inspiré de la pagode d'Ankor Wat et des monuments de cette ville en ruines.

Les dimensions principales sont : en largeur 28 mètres sur 26 de profondeur.

La hauteur totale du sol au sommet de la tour atteint environ 40 mètres.

Ce pavillon est composé en plan de deux galeries et contre-galeries d'inégales longueurs se coupant à angles droits et à l'intersection desquelles s'élève la tour centrale, dont les divers étages décroissants étaient le symbole d'autant de parasols destinés à marquer la puissance et le rang de la personne ou du dieu en l'honneur duquel le monument était construit.

De même les sculptures des frontons racontaient l'histoire ou la légende du personnage.

L'ensemble de la tour figure la fleur de lotus épanouie, portant à son sommet la quadruple tête de Brahma, l'Être suprême Indou.

Les collections de toutes natures envoyées par le Cambodge sont exposées dans ce pavillon dans l'ordre ci-après.

PREMIER GROUPE

CLASSE II

1101. **Planté** (Georges-Victor), Phnom-Penh. — Tableau fait à la main.

CLASSE III

1102. **Planté** (Georges-Victor). — Bouddha, (bois sculpté).

DEUXIÈME GROUPE

CLASSE X

1103. **Planté** (Georges-Victor). — Feuilles de satra, (pour écrire).

CLASSE XI

1104. **Planté** (Georges-Victor). — Racine sculptée. — Monnaie du Laos.

CLASSE XIII

1105. **Planté** (Georges-Victor). — Flûte en bois de trac genre biniou — Flûte cambodgienne en bambou. — Trompe de chasse en corne de buffle. — Orgues laotiennes. — Guitare cambodgienne à une corde, en métal. — Guitare ronde à 4 cordes. — Violon à deux cordes, tambour en noix de coco. — Violon à deux cordes, tambour allongé. — Violon à trois cordes, tambour plat. — Grelot en bois. — Piano cambodgien. — Tam-tam en terre cuite.

1106. **Ministre de la Justice** à Phnom-Penh. — Instrument de musique à percussion. — Instrument de musique cambodgien à percussion.

TROISIÈME GROUPE

CLASSE XVII

1107. **Ministre de la Justice** à Phnom-Penh. — Fauteuil de cérémonie de bonze avec coussin et coussinet. — Pupitre de bonze cambodgien.

CLASSE XX

1108. **Planté** (Georges-Victor). — Cruche en terre cuite. — Fourneau en terre cuite. — Jarre en terre cuite. — Lampe en terre cuite. — Marmite en terre cuite. — Moule en terre cuite, pour pâtisserie.

CLASSE XXI

1109. **Planté** (Georges-Victor). — Nattes de différentes grandeurs.

CLASSE XXIII

1110. **Planté** (Georges-Victor). — Coupe-coupe cambodgien. — Coupe-coupe moïs, manche en bambou. — Couteau (monture en corde, fourreau en bois).

CLASSE XXIV

1111. **Planté** (Georges-Victor). — Bouddhas, argent repoussé.

CLASSE XXV

1112. **Planté** (Georges-Victor). — Bouddha, cuivre fondu.

CLASSE XXIX

1113. **Planté** (Georges-Victor). — Boîte à bétel. — Pipe en bambou forme lézard. — Pipe, racine de bambou, monture argent. — Pipe, tuyau bambou, tête en bois. — Pipe en bambou brut. — Pipe en bambou à tête dorée. — Seaux en bambou. — Hottes vannerie fine tressée mosaïque. — Corbeilles fines en bambou, à bordure noire. — Corbeilles rondes en bambou à anses. — Corbeilles en rotin. — Couvremets. — Paniers en rotin, forme carré long.

QUATRIÈME GROUPE

CLASSE XXX

1114. **Planté** (Georges-Victor). — Coton filé avec cadre.

CLASSE XXXI

1115. **Planté** (Georges-Victor). — Chanvre du Cambodge. — Chanvre du Laos. — Fil et filin sur navette.

CLASSE XXXIII

1116. **Planté** (Georges-Victor). — Bourre de soie. — Doupion. — Soie grège filée.

CLASSE XXXVI

1117. **Le Docteur Hahn**, (Cambodge). — Costume cambodgien.

CLASSE XXXVIII

1118. **Planté** (Georges-Victor). — Arcs avec flèches (Laos). — Arcs avec flèches (Moïs). — Carquois en bambou avec flèches. — Lances monture en cuivre. — Lances monture en fer, forme couteau. — Lances monture en fer, forme faulx. — Lances monture en fer, forme de lis. — Lances, monture en fer, forme trident. — Poignard monture argent et ivoire. — Poignard, fourreau et poignée en argent. — Poignard, fourreau en bois, bande d'argent. — Poignard, fourreau corde tressée. — Sabre, monture en cuivre gravé. — Sabre, poignée argent ciselé. — Sabre, poignée en bois, garde en fer, sans fourreau. — Sabre, poignée de bois. — Sabre poignée en rotin tressé.

CLASSE XXXIX

1119. **Planté** (Georges-Victor). — Malle en feuilles de thuot. — Parasol.

CINQUIÈME GROUPE

CLASSE XLI

1120. **Planté** (Georges-Victor.) — Chaux à bétel. — Minerai de fer.

CLASSE XLII

1121. **Chauvomg** (O. P. T.), à Phnom-Penh. — Rotins choin. — Rotins kreck.

1122. **Planté** (Georges-Victor). — Bois de s'beng et de thlé. — Courbes de barques. — Nervures de trang. — Rotins. — Traverses pour bateaux. — Écorce de khdol. — Écorce de pra-phnon.

— Écorce de prehnot. — Écorce de smach. — Charbon de bois. — Paillottes blanches.

CLASSE XLIII

1123. **Planté** (Georges-Victor). — Tête de calao — Tête de crocodile. Tête de marabout. — Carapaces de tortues. — Cornes de bœuf sauvage. — Cornes de buffles, de cerfs. — Crins d'éléphants. — Défenses d'éléphants. — Dents d'éléphants. — Dents de rhinocéros, de tigre avec tête. — Os d'éléphant. — Peaux de bœufs domestiques. — Peaux de bœufs sauvages (grande et petite). — Peaux de buffles, de cerf, de chevrotin, de chat-tigre, d'éléphant, de martin-pêcheur, d'ours, de pangolin, de panthère, de rhinocéros, de serpent, de tigre. — Plumes de marabout, de paon, de pélican. — Sabots de rhinocéros. — Huile de poisson. — Vessies de poissons. — Cardamome sauvage. — Cire végétale. — Gomme-gutte. — Graines de crabao. — Huile de bois. — Laque brute. — Laque néarac. — Résine. — Piège à rats.

CLASSE XLIV

1124. **Planté** (Georges-Victor). — Cocons. — Coton égrené. — Coton non égrené. — Ouate. — Cardamome cultivé. — Chaume en feuilles. — Cire d'abeilles — Feuilles de sachi. — Herbe servant à faire les nattes. — Noix de palmier. — Bétel séché. — Tabac.

CLASSE XLV

1125. **Planté** (Georges-Victor. — Noix vomique. — Torches. — Indigo.

SIXIÈME GROUPE

CLASSE XLIX

1126. **Planté** (Georges-Victor). — Charrue. — Couteau pour tailler le rotin. — Herse. — Serpette. — Soc de charrue.

1127. **Pohoulatep** (O.), à Phnom-Penh. — Girouette pour effrayer les oiseaux.

CLASSE L

1128. **Planté** (Georges-Victor). — Décortiqueur de coton. — Décortiqueur de paddy. — Mortier à piler le riz, à une personne. Mortier à piler le riz, à deux ou trois personnes.

CLASSE LIV

1129. **Planté** (Georges-Victor). — Cardeur de coton. — Dévideur de coton. — Dévideur de soie. — Câble en rotin.

CLASSE LV

1130. **Planté** (Georges-Victor). Bobineur de soie. — Peigne de tisserand. Métiers à tisser la soie; étoffe unie. — Métier à tisser la soie; étoffe à dessins.

CLASSE LX

1131. **Gouverneur de Battambang**, à Battambang. — Bât d'éléphant.

1132. **Ministre de la Guerre**, à Phnom-Penh. — Bât d'éléphant.
Planté (Georges-Victor). Cages d'éléphants. — Charrette à bœufs

CLASSE LXIII

1133. **Planté** (Georges-Victor). — Maison Cambodgienne.

CLASSE LXIV

1134. **Oknha Srey Tombes Reachea**, à Phnom-Penh. — Lieux d'aisances d'un mandarin Cambodgien.

1135. **Ministre de la Marine**, à Phnom-Penh. — Pavillon crématoire à l'usage du peuple.

CLASSE LXV

1136. **Planté** (Georges-Victor). — Barque du Tonkin. — Bateau en bambou. — Bateau laotien. — Ghe luong ou bateau ordinaire. — Ghe luong ou bateau de pêche. — Jonques de mandarin, de mer, du roi, de rivière, dite sampan. — Pirogues de course. — Ancres en bois (modèle). — Aviron (modèle). — Gouvernail (modèle). — Perches à ancres (modèle).

SEPTIÈME GROUPE

CLASSE LXXII

1137. **Planté** (Georges-Victor). — Cannelle.

COCHINCHINE

PALAIS DE LA COCHINCHINE

Le Palais de la Cochinchine est situé à droite du Palais Central et mesure 41 mètres de façade et 30 mètres de profondeur.

Quoique l'architecture annamite emprunte à l'art chinois beaucoup de ses formes et de ses détails, il est incontestable que ce bâtiment présente un caractère particulier.

Les forêts de l'Est de la Cochinchine fournissent d'ailleurs des éléments commodes et peu coûteux parmi lesquels le constructeur peut choisir à son gré.

Certains bois sont excessivement durs et résistent parfaitement aux attaques des termites, ce qui permet de faire des constructions durables.

Le Palais de la Cochinchine n'est pas la reproduction d'un édifice quelconque. Ce monument a été construit spécialement pour l'Exposition sur les plans et sous la direction de M. Foulhoux, dans le but de montrer en France une œuvre d'architecture annamite.

Le visiteur est d'abord frappé par la décoration extérieure, qui a été exécutée par dix-neuf artistes indigènes envoyés spécialement de l'Indo-Chine pour cet objet.

Le portique d'entrée, richement et finement sculpté, est supporté par quatre colonnes en bois. Il donne accès dans la grande cour centrale, qui se retrouve, dans toute habitation annamite, avec son bassin à rocher, ses plantes aquatiques, ses faïences et ses dragons.

A droite et à gauche du portique, deux galeries en gradins, couvertes, donnent accès aux salles latérales.

Au fond de la cour, dans l'axe du portique d'entrée, un perron de cinq marches, accoté de deux lions en faïence, conduit au vestibule de la grande salle.

Les sculptures de la charpente représentent des scènes de la vie annamite, des légendes et des animaux.

Les bois ont été travaillés en Cochinchine par des ouvriers et des artistes indigènes. Il en est de même des faïences, dont la pièce capitale est la crête qui couronne l'édifice. Elle provient de la manufacture de Cholon près Saïgon.

PREMIER GROUPE

CLASSE II

1138. **Raffin frères et Dumarest** (Saïgon). — Panneaux peints sur marbre formant écran (encoignures en cuivre repoussé).

1139. **Service local**. — Dessins coloriés. — Les cérémonies du mariage annamite. — Cérémonies de l'enterrement annamite.

1140. **Vo-ngoc Duc** (Cholon). — Dessins divers.

DEUXIÈME GROUPE

CLASSE VI

1141. **Institution municipale de jeunes filles**. — Chemise de jour brodée. — Chemise de nuit brodée. — Coussin en tapisserie, dessins faits par les élèves. — Jupon avec volant brodé. — Lit de poupée. — Marquoir. — Mouchoir brodé. — Paire de bas en tricot. — Paire de chaussettes en tricot. — Paire de pantoufles. — Panier au crochet. — Pantalon brodé. — Pochette Porte-aiguilles. — Poupée avec son trousseau. — Poupée habillée (costume annamite). — Robe d'enfant entièrement faite au crochet. — Robe d'enfant garnie de dentelles. — Taie d'oreiller brodée. — Tapis brodé. — Têtière.

1142. **Service de l'Enseignement**. — Cahiers des Écoles de Bac-Lien, Bien hoa, Giadinh, Go-cong, Thudau mot, Vinh-Long, des Écoles cantonales de Bentré, de Sadec, des collèges d'Adran, Chasseloup-Laubat, Mytho. — Dessins de l'École de Go-cong, du collège d'Adran. — Devoirs de caractère chinois par les élèves du collège Chasseloup-Laubat. — Lavis par les élèves du collège Chasseloup-Laubat. — Maison commune annamite réduite au 1/15 construite et ajustée par les élèves de la 3me année du collège Chasseloup-Laubat. — Objets divers en carton. — Plan du Collège Chasseloup-Laubat. — Plans des divers établissements scolaires. — Tableau général des classes du collège d'Adran. — Tableaux représentant : le jeu de coquan, le jeu d'échecs. — Tableaux indiquant l'emploi du temps au collège de Chasseloup-Laubat et à l'École Gia-dinh. — de l'emploi du temps dans les divers établissements scolaires. —

de leçons de choses du collège Chasseloup-Laubat et de l'école de Baria. — Travaux de dessins linéaires des élèves du collège Chasseloup-Laubat; — Dessins d'ornement des élèves du collège Chasseloup-Laubat. — des élèves des Écoles cantonales de Cantho. — Travaux manuels des élèves de l'école primaire de Baria; de Gocong; de Soc-trang, du collège Chasseloup Laubat (un arc, un jeu de javelots et sculptures sur bois).

1143. **Sœurs** de Saint-Paul de Chartres (Établissement de la Sainte-Enfance). — Dessins faits par les élèves de la Sainte-Enfance. — Travaux à l'aiguille au crochet et broderies.

CLASSE IX

1144. **Bajot** (Eugène). — Histoire du grand Lettré, Lonc Vian Teian.

CLASSE X

1145. **Service local**. — Bâtons d'encre de chine. — Encriers en ardoise. — Pinceaux à écrire. — Rame de papier à cigarettes annamite.

CLASSE XI

1146. **Dôc Phú Phuóng**, à Cholon. — Bouddha annamite. — Collection de sapèques trouvées à Hoc-Mon.

1147. **Le van Huc.** (Giadinh). — Brûle-parfum en cuivre doré servant spécialement à brûler le bois de back dang. — Chandeliers en bois de jacquier dorés servant à l'ornement de l'autel des ancêtres. — Insignes de lettré avec support en bois de trac sculpté, dessus marbre. Réduction des huit génies annamites avec vase en bois de trac.

1148. **Pagode annamite de Cholon**. — Bouddha en bois sculpté doré.

1149. **Service local**. — Accessoires d'autel de Bouddha. Autel de Bouddha en bois sculpté doré; grues sacrées en bois. — Réduction d'insignes de lettré avec support en bois de trac sculpté. — Réduction des huit génies annamites avec vases en faïence.

CLASSE XII

1150. **Service local**. — Photographies.

CLASSE XIII

1151. **Montaignac de Chauvance** (Gaspard de), à Giadinh. — Flûtes, trompettes en bois, pavillon en cuivre. — Guitares. — Pianos chinois. — Violon. — Cymbales. — Tamtams.

1152. **Service local**, à Saïgon. — Flûtes, trompettes en bois, pavillon en cuivre. — Guitare. — Harpe. — Instruments de musique à une corde. — Mandolines. — Violons. — Cymbales. — Gong en cuivre. — Grands gongs, en cuivre. — Jeu de castagnettes. — Petit gong en cuivre. — Petits tamtams. — Tambourin en peau de serpent. — Tambourins. — Tam-tams avec support.

CLASSE XV

1153. **Service local**. — Compteur en bois de trac. — Mètre pour étoffe, en bambou. — Mètres de charpentier, en bambou, en bois de trac.

CLASSE XVI

1154. **Service du cadastre**. — Plans de divers arrondissement de Cochinchine. Plans de l'arrondissement de Travinh.

TROISIÈME GROUPE

CLASSE XVII

1155. **Brière**, administrateur principal des affaires indigènes au Binh-Thuan. — Bahut composé avec les diverses essences de bois que produit la province de Kánh-hoa. — Table en bois de Cam-Lai.

1156. **Doc Phu Phuong** (Cholon). — Lits en bois de trac sculpté et incrusté, fond et dossiers en marbre.

1157. **Le Van-Hue**, à Binh-Hoa. — Table annamite en bois de Gô.

1158. **Marquis** (Marie-Gaston), administrateur des affaires indigènes, à Giodah. — Table ovale en bois de gô (pied incrusté en bois de cam-lai). Tréteaux en bois de càm-xé, pour lit de camp.

1159. **Montaignac de Chauvance** (Gaspard de), à Giadinh. — Bahut en bois de trac incrusté. — Bahut en bois de trac sculpté. — Fauteuils en bois de trac sculpté, fonds en marbre. — Frontons de portes, sculptés et dorés. — Glace d'appartement avec encadrement en bois de trac sculpté. — Guéridon en bois de cam lai sculpté. — Lit annamite en bois de gõ sculpté. — Pliants à dossiers sculptés. — Porte-cuvette à cinq pieds avec tiroirs et glace à encadrement sculpté. — Porte-cuvette à quatre pieds, en bois ordinaire. — Porte-cuvette à trois pieds en bois de cam-lai avec sculptures de huynh-duông. — Porte-cuvette en bois de cam-lai, avec sculptures en bois de huinnh-duông. — Tabourets en bois de trac. — Tabourets en bois de trac sculpté et incrusté (dessus en marbre). — Vieux bahut annamite en bois de trac sculpté, avec encoignures en métal. — Table annamite en bois de trac.

1160. **Prison centrale**, à Saïgon. — Chaise et fauteuil en rotin. — Chaise longue en rotin.

1161. **Raffin frères et Dumarest**, à Saïgon. — Bouddha annamite en bois sculpté. — Lit de camp pour fumerie d'opium (plancher et tréteaux en bois de gõ).

1162. **Service local**, à Saïgon. — Bahut incrusté. — Bahut en bois de gõ et dâu sculpté. — Bahut en bois de trac incrusté. — Bancs annamites en bois de trac et de gõ sculpté. — Canapé en bambou. — Canapé en bois de trac incrusté. — Chaise d'enfant, en rotin. — Chaise en bambou. — Chaise en rotin. — Chaise longue en bambou avec dossier mobile. — Chaise roulante pour enfant, en bambou. — Etagère en bois de trac sculpté. — Fauteuil d'enfant en bambou et rotin. — Guéridons en bois de gõ incrusté. — Fauteuil en rotin. — Lit annamite en bois de trac et sculptures en bois de huynh-duông. — Lit annamite en bois ordinaire sculpté et doré. — Lit Cambodgien. — Lit en bambou. — Lit en bois de trac sculpté. — Modèle de guéridon, dessus en bois de gõ et dâu. — Modèle de table sculpté en bois de trac et de huynh-duông. — Tables annamites en bois de trac sculpté, sculptures en huynh-duông. — Tables en bois de trac sculpté. — Tabouret en bambou et rotin.

CLASSE XVIII

1163. **Doc Phu Phuong** (Cholon). — Moustiquaire, en soie rouge et verte, pour lit en bois de trac sculpté et incrusté avec garniture.

1164. **Montaignac de Chauvance** (Gaspard de), à Giadinh. — Moustiquaire pour lit annamite en bois de gõ sculpté. — Parasol pour les cérémonies religieuses. — Panneaux à lettres dorées. — Planches à lettres dorées, fonds laqués noir. — Planches à lettres dorées fonds laqués rouge. — Stores.

1165. **Pagode de la Congrégation de Canton** (Cholon). — Baldaquin. — Parasol. — Tenture forme rideau double.

1166. **Pagode des Sept Congrégations** (Cholon). — Baldaquin. Devants de table en soie, grand pavillon. — Parasol.

1167. **Raffin frères et Dumarest**, à Saïgon. — Oreiller annamite.

1168. **Service local**, à Saïgon. — Bouquets de fleurs artificielles pour décoration d'autel. — Coussins de coolies. — Devant d'autel brodé. — Devant d'autel en soie. — Garniture de moustiquaire en soie brodée. — Moustiquaire pour lit annamite en bois ordinaire sculpté et doré. — Moustiquaire pour lit en bambou. — Moustiquaires pour lits en bois de trac. — Oreillers anamites. — Panneaux en soie brodée. — Panneaux à lettres dorées pour le service d'enseigne. — Panneaux incrustés. — Panneaux sculptés en bois de huynh-duong. — Tableaux peints sur papier pour décoration d'autel.

CLASSE XX

1169. **Marquis** (Marie-Gaston), administrateur des affaires industrielles à Giadinh. — Bouc sauvage en terre cuite. — Bouc sauvage en terre cuite avec support. — Génie en terre cuite. — Statuette en terre cuite. — Vases à fleurs. — Vases à fleurs de muraille. — Vases à fleurs suspensions en terre cuite. — Support de vase à fleurs en terre cuite.

1170. **Montaignac de Chauvance** (Gaspard de), à Giadinh. — Dragons en terre cuite. — Porte-bouquets de muraille. — Porte-bouquets en terre cuite. — Support de vases à fleur en terre cuite. — Vases à fleurs en terre cuite.

1171. **Nguyen-Xuân-Duong**, à Sadec. — Soupières en porcelaine, ayant appartenu au grand Mandarin Quon-Cong-Nhon de la Cour d'Annam (1830).

1172. **Nguyen-Xuan Phong**, à Giadinh. — Service à thé en pierre tendre.

1173. **Raffin frères et Dumarest** à Saïgon. — Supports de vases à fleurs en terre cuite. — Vases à fleurs en terre cuite.

1174. **Service local**, à Saïgon. — Assiette en faïence. — Bols à riz en porcelaine. — Bols à soupe en porcelaine. — Bols à thé avec couvercles et soucoupes. — Bols à thé en porcelaine. — Bouilloire en terre cuite. — Brûle-parfum en porcelaine. — Brûle-parfum en terre cuite. — Carafes à choum-choum en porcelaine. — Cuillers en porcelaine. — Carreaux en terre cuite et à jours. — Crachoirs en terre cuite. — Cruches en terre cuite Jeu de boîtes en porcelaine. — Jarre en terre cuite. — Jarre à alcool en terre cuite. — Marmite en terre cuite. — Oreillers en faïence. — Poêlons en terre cuite. — Pots à fleurs en terre. Objets en porcelaine : Petites assiettes. — Petites tasses à thé. Plateaux ronds pour service à thé. — Plats à bétel. — Plats à dessert. — Plat à riz. — Plat rectangulaire. — Porte-cigarette. — Pot à brûler. — Pots à chaux. — Pots à choum-choum. — Pots à graines. — Pots à médicaments. — Pots doubles à opium. — Terre cuite : Siège. Supports de vase à fleurs. — Terrines. — Théière. — Vase à fleurs, poterie de Bien-hoa. — Vase destiné à la conservation des aliments. — Vase pour décoration d'Autel. — Tuiles.

CLASSE XXI

1175. **Arrondissement de Longxuyèn.** — Nattes en jonc à dessins variés.

1175bis. **Bos**, administrateur stagiaire des affaires indigènes à Baria. — Nattes blanches pour voiles.

1176. **Etablissement de la Sainte-Enfance**, à Saïgon. — Nattes.

1177. **Prison centrale**, à Saïgon. — Natte en rotin. — Stores en rotin.

1178. **Raffin frères et Dumarest**, négociants à Saïgon. — Natte en jonc de Baria.

1179. **Service local**, à Saïgon. — Nattes de Bac-Lieù. — Nattes en jonc teint, faites à la Sainte-Enfance. — Nattes en jonc de Ca-Mau. — Nattes en jonc de Cho-Quàn. — Nattes en jonc de Longxuyèn. — Paillottes blanches.

CLASSE XXV

1180. **Marquis** (Marie-Gaston), administrateur des affaires indigènes, à Giadinh. — Brûle-parfum en bronze. — Statuettes en bronze (grand Mandarin chinois de l'ancien temps).

1181. **Montaignac de Chauvenac** (Gaspard de), à Giadinh. Brûle-parfum en bronze. — Gongs en bronze. — Statuettes en bronze. — Statuettes porte-bougies en bronze.

1182. **Service local**, à Saïgon. — Objets en cuivre. — Boîte à bétel avec panier en bambou tressé. — Boîtes à bétel. — Bouilloire. — Brûle-parfum. — Buffle en cuivre fondu. — Chaufferettes. — Corbeilles à fruits avec couvercle en cuivre ciselé. — Chandeliers. — Crachoirs. — Gongs. — Petits chandeliers. — Plateaux. — Porte-bouquets en cuivre fondu. — Pot à chaux et à bétel. — Vase en cuivre fondu.

CLASSE XXVII

1183. **Service local.** Mèches pour lampes.

CLASSE XXVIII

1184. **Service local.** Baguettes odoriférantes pour les cérémonies religieuses.

CLASSE XXIX

1185. **Ho-Van-Ly** (Hatien). — Objets en écaille.

1186. **Huynh-vam-Loi**, à Thudaumot. — Boîte en bois de trac.

1187. **Jacquemin**, commis des Postes et Télégraphes, à Saïgon (Cochinchine). — Objet en écaille fabriqué à Hatien.

1188. **Lam-Lam-D'a**, à Travinh. — Planchettes sculptées en bois de huynh-duòng.

1189. **Lucciana**, à Baria. — Sacs fabriqués chez les Moïs.

1190. **Montaignac de Chauvance** (Gaspard de), à Giadinh. Boîte à bétel en bois de trac incrusté. — Étagères d'appliques en bois sculpté. — Panneaux sculptés en bois ordinaire.

1191. **Nguyen-Van-Kéi**, à Thúdaùmòt. — Panier à bétel en bambou tressé. — Porte-cigarettes.

1192. **Ng-Van-La**. — Boîte en bois de trac.

1193. **Ng-Van-Me** (B), à Thudaumot. — Gobelets en bois.

1194. **Ng-Van-Quán**, à Thudaumot. — Plateau en bois de camlai.

1195. **Ng-Van-Thu**, à Thudaumot. — Boîte à compartiments en bois de trac. — Boîtes en bois de trac.

1195bis. **Ng-Xuan-Phong**, à Giadinh. — Chandelier de bois de camlai.

1196. **Prison Centrale**, à Saïgon. — Objets en rotin : Cornes d'abondance. — Cure-dents. — Dessous de verre. — Dessus de verre. — Fauteuils. — Jardinière. — Paniers à pain. — Paniers à papier. — Pavillons annamites exécutés d'après les dessins de M. Busch, dessinateur des bâtiments civils. — Porte cure-dents. — Table à ouvrage. — Valise à linge. — Valise de chasse.

1197. **Raffin frères et Dumarest**, à Saïgon. — Service complet pour fumerie d'opium.

1198. **Service local**, à Saïgon. — Balais en aréquier. — Boîte à bétel en bois laqué. — Boîtes à ouvrages en bois laqué. — Plateaux en bois de trac incrusté. — Bâtons pour supports de paniers. — Boîte à bétel en bois de trac incrusté. — Boîte à bijoux en bois de mung incrusté. — Boîte à bijoux en bois de trac incrusté. — Boîte à bijoux en bois de trac incrusté en relief et à couvercle vitré. — Boîte à cadeaux de mariage, en bois de trac incrusté. — Boîte à confitures en bois de trac incrusté. — Boîte à bétel en jacquier. — Boîte à bijoux en bois de trac incrusté. — Boîte en bois de trac, incrusté à compartiments. — Carafe en bois de trac et son plateau. — Coffret en bois de trac incrusté. — Couteau à papier en écaille. — Couvre-plats en bambou tressé. — Cuillers en écaille. — Écrans en écaille fondue. — Fourchettes en écaille. — Modèles d'animaux en bois. — Panneaux en bois de gõ incrusté. — Peignes en écaille. — Peignes en bois. — Peigne et brosse en corne. — Peignes en bambou. — Peignes en corne. — Peignes en écaille fondue, avec garniture en argent. — Plateau à service à thé. — Plateau en bois de mung, encoignures en argent repoussé. — Plateau pour service à thé, en ivoire sculpté à jour, fond en bois de trac, encoignures en argent. — Plateaux en bois de trac, avec incrustation en relief, et encoignures en argent. — Plateaux en bois de trac incrusté. — Porte-baguettes en jacquier. — Porte-cigarettes en bois de trac. — Porte-cigarettes en écaille. — Porte brûle-parfum en bois de cam-lai. — Porte brûle-parfum en bois de trac. — Porte-plat en bois de mung sculpté. — Pots à tabac en bois de jacquier. — Pots à tabac en bois de trac incrusté. — Soucoupes en écaille. — Stores en bambou. — Support d'assiettes en jacquier. — Support de théière en bois de jacquier. — Tasse à thé en bois de trac. — Vases à fleurs en bois de trac. — Verres en bois de trac.

1199. **Son-Diep**, à Soctrang. — Boîtes à riz en bois doré.

1200. **Tran-Khat-Can**, à Baria. — Boîte à bétel en bois de trac.

1201. **Tran-Khvé-Can**. — Paniers en bambou tressé.

1202. **Tran-van-Dieu**, à Thúdaùmôt. — Boîte en bois de trac.

1203. **Trân-Trung-Thanh**, à Sadec. — Petite boite à pharmacie en bois de trac incrusté.

1204. **Tran-van-Thuan**, à Thúdaumôt. — Carafe en bois de trac. — Coquetier en bois.

QUATRIÈME GROUPE
CLASSE XXX

1205. **Arrondissement de Soc Trang**. Échantillons de coton noir et de coton blanc employé pour la confection de robes et pantalons.

1206. **Service local**. Couvertures en coton fabriquées chez les Moïs.

CLASSE XXXIII

1207. **Arrondissement de Lang Nuyen**. Échantillons de pièces de soie.

1208. **Arrondissement de Soc-Trang**. Échantillon de soie.

1209. **Lan Xin** à Soc-Trang. — Échantillon de soie Cambodgienne.

1210. **Ngo-Van Cam**, à Baria. — Fils de soie préparés.

1211. **Nguyen Van-Sanh**, à Sadec. Fils de soie préparés. — Pièce blanche de soie. — Pièce de soie rouge.

1212. **Nguyen Vinh Thuong**, à Sadec. — Pièce de soie blanche.

1213. **Orphelinat de Culao Gieng**, à Long-Xuyen. — Pièces de soie Cambodgienne. — Soie filée, moulinée et décreusée.

1214. **Pouchon**, à Travinh. — Bourres de cocons. — Soie grège.

1215. **Service local**. Échantillon de soie grège. — Échantillons de tissus de soie de Travinh pour Sampot. — Pièces de soie, Bong dan. — Pièces de soie bleue, crème, rouge, rouge pâle, verte, dite Cam-tu, Hang-Cap, Hang-Son.

1216. **Thai hun Vo**, à Bentré. — Pièces de soie blanche à dessins, chamarrée, écrue à petits dessins, plate de doupions, plate fils minces, plate fils gros, unie fils minces. — Fils de soie minces, ordinaires. Fils de soie plats de doupions, plats et gros, plats et petits.

CLASSE XXXV

1217. **Lam thi Em**, à Soc Trang. — Écharpe en soie rose.

1218. **Montaignac de Chauvance** (de), à Giadinh. — Éventails en plumes avec manches en bois laqué.

1219. **Service local.** — Bourses annamites. — Éventails en feuilles de palmier, en papier huilé. — Ceinture en crêpe de Chine. — Éventails en plumes de marabout à manches de bois rouge laqué. — Éventails en plumes de pélican à manches de bois laqué noir et rouge.

CLASSE XXXVI

1220. **Arrondissement de Soc Trang.** Costume complet de cérémonie, pour femme, pour homme.

1221. **Lam Thi Em**, à Soc Trang. Robe en soie violette. — Sampot haul ou langouti en soie.

1222. **Lam Xiu**, à Soc Trang. — Langoutis en soie Cambodgienne.

1223. **Montaignac De Chauvance** (de) à Giadinh. — Chapeau de chef de congrégation chinoise. — Chapeaux de coolies annamites en bambou tressé. — Chapeau de chinois.

1224. **Service local.** — Bonnet de bonze. — Bonnets de théâtre. — Chapeau de chef de congrégation chinoise. — Chapeau de coolies en feuilles de maranta, — chapeau de palmier, — chapeau de femme, de lang-thau, de marchand. — Chapeau pour homme, bouton en métal et jugulaire en soie rouge, avec bouton en métal avec jugulaire en soie verte. — Costume de coolie pour femme, pour homme, de théâtre. — Fausses barbes pour théâtre. — Jupe de théâtre. — Langoutis en coton fabriqués par les Moïs. — Langoutis en soie Cambodgienne. — Manteau en paillotte. — Modèle de chapeau de tirailleur annamite. — Mouchoirs en crêpe, bleu, rouge. — Paire de bottes pour théâtre. — Paires de pantoufles pour femme — Paires de souliers de différents genres, pour théâtre. — Pantalon en soie de diverses couleurs pour femme, pour fillette, pour homme. — Pièces de soie dite hang-bang-chidan, hang-bang-thua. — Robes en soie doublée d'étoffe. — Veste en coton pour homme fabriquée par les Moïs.

1225. **Son Diep**, à Soc Trang. — Habit en soie bleue. — Habit en soie violette. — Langouti en soie blanche, avec fleurs ordinaires.

CLASSE XXXVIII

1226. **Doc phû Phuong**, à Cholon. — Lances et armes diverses avec leurs supports en bois.

1227. **Montaignac de Chauvance** (de), à Giadinh. — Lances avec manches en bambou et en bois laqué rouge.

1228. **Raffin frères et Dumarest** Saïgon. — Arcs. — Carquois Moïs.

1229. **Service local.** — Arcs à balles. — Arcs à flèches. — Carquois avec flèches. — Flèches, tout en cuivre. — Lances annamites avec manches en bois. — Lances de Go-Cong. — Lances en forme de couteau. — Sabres de mandarins. — Sabres de combat. — Trident emmanché.

CLASSE XXXIX

1230. **Service local.** — Hamac en jonc, en ortie de chine. — Malles annamites en bois et cuir laqué rouge. — Malles annamites en bois laqué. — Malles, coussins en cuir avec cadenas en cuivre. Parasol de route. — Sacs à tabac et à bétel.

CINQUIÈME GROUPE

CLASSE XLI

1231. **Service local.** — Chaudrons en cuivre. — Fers à repasser. — Jarre en étain pour l'alcool. — Moules à gâteaux en cuivre. — Moule à gauffres en fer forgé. — Palettes à chaux en cuivre. — Poêlon en cuivre.

CLASSE XLII

1232. **Marquis** (Marie-Gaston), à Giadinh. — Planches en bois de gõ pour lit de camp.

1233. **Service local.** — Seaux en feuilles de cocotier.

CLASSE XLIII

1234. **Arrondissement de Hatien.** — Défenses d'espadons et mâchoire de requin.

1235. **Arrondissement de Long-Xuyen.** — Bouteilles de miel. Echantillon de fibres d'agave.

1236. **Deleschamps** (Edouard), Défense d'éléphants.

1237. **Jacquemin.** — Tortues à écaille pêchées à l'île de Phu-Quoc.

1238. **Jardin Botanique.** — Fibres textiles retirées de la sansevière.

1239. **Le Van Hien** à Thudaumot. — Champignon.

1240. **Ng Van Truyen.** — Miel.

1241. **Pelleau**, à Bienhoa. — Vernis pour bouleaux.

1242. **Raffin frères et Dumarest** à Saïgon. — Tortues à écaille de Rach-Gia.

1243. **Service local.** — Cornes de buffles montées sur bois, crânes avec cornes de bœuf sauvage. — Défenses d'éléphant. — Dents d'éléphant, — Queue d'éléphant. — Oléo-résine.

1244. **Tong Doc Tran Ba Loc.** — Défenses d'éléphants avec leurs supports en bois sculpté.

CLASSE XLIV

1245. **Arrondissement de Baria.** — Ortie de Chine.

1246. **Bos**, administrateur adjoint. — Ramie de Baria.

1247. **Nguyen Van Neñ**, à Thudaumot. — Tabac préparé.

1248. **Ponchon**, à Travinh. — Cocons secs de vers-à-soie dits Tamse.

1249. **Phan Van Nghi.** — Tabac préparé.

1250. **Service local.** — Cocons de vers-à-soie. — Ramie de Baria. — Echantillons d'arachides. — Ramie de Siam.

1251. **Thai Han Vo.** — Cocons de petits vers à soie dits Tamse.

1252. **Tran Van Huc.** — Graines de tabac; indigo en pâte.

1253. **Vo Van Tanh.** — Tabac préparé.

CLASSE XLV

1254. **Denise.** — Echantillons de savon.

1255. **Service local.** — Savons chinois.

SIXIÈME GROUPE

CLASSE XLIX

1256. **Huynh Vaú Misñ**, à Baria. — Modèles de voitures à bœufs et à buffles.

1257. **Nguyèn Dinh Tuòn** à Sadec. — Collection d'outils (types et modèle).

1258. **Service local**, à Saïgon. — Modèle de brouette. — Modèle de charrette à bœufs. — Modèle de charrettes à buffles. — Modèle de voitures à bœufs, couvertes.

CLASSE L

1259. **Service local**, à Saïgon. — Pressoir à huile. — Moulin à sucre.

CLASSE LI

1260. **Service local**. Saïgon. Soufflet de forge de bijoutier.

CLASSE LII

1261. **Service local**. — Dichroa febrifuga servant à la teinture jaune.

CLASSE LIV

1262. **Service local**, à Saïgon. — Machine à dévider et à embobiner. — Machine à égrener le coton. — Échantillons de cordes en bourre de coco.

CLASSE LV

1263. **Raffin frères et Dumarest** à Saïgon. — Métier à tisser Moï. — Métier à tisser. — Modèle d'appareil à vanner.

CLASSE LX

1264. **Deleschamps**, lieutenant de vaisseau, Saïgon. — Voitures à bœufs du Cambodge.
1265. **Marquis**, à Giadinh. — Roues de voitures à buffles.
1266. **Service local**, à Saïgon. — Selles et accessoires.

CLASSE LXIII

1267. **Administration des douanes et régies**, à Saïgon. Fumerie d'opium avec accessoires pour la fabrication.
1268. **Raffin frères et Dumarest** à Saïgon. Pagode en bois sculpté avec panneaux en ivoire et écaille.

CLASSE LXV

1269. **Deleschamps**, (Édouard). — Jonque mandarine Cambodgienne avec accessoires.
1270. **Huynh Quàn Miên**, à Baria. — Modèle de barque de rivière. — Modèle de sampan.

1271. **Lain Vaṅ Rúong**, à Baria. — Modèle de bateau de pêche avec filet.
1272. **Lê Van Hoi**, à Baria. — Modèle de bateau de commerce.
1273. **Lucciana** Administrateur des affaires indigènes, à Baria. — Modèle de bateau de pêche avec filet.
1274. **Service local**, à Saïgon. — Modèle de bateau de charge cambodgien. — Modèle de bateau de service de chef de canton Cambodgien. — Modèle de jonque de mer. — Modèle de sampan. — Modèle de bateau de M. le gouverneur. — Modèle de barque de mer et de rivière.

SEPTIÈME GROUPE

CLASSE LXVII

1275. **Arrondissement de Gòcong**. — Échantillons de paddy.
1276. **Arrondissement de Lang-Xuyen**. — Fécule d'arrow-root. Fécule de riz.
1277. **Service local**. — Farine d'igname (Dioscorea alata). — Fécule de riz. — Graines de terminalia chebula. — Sagou d'arenga-saccharifera (Palmier).

CLASSE LXI

1278. **Service local**. — Jujubes. — Kakis secs.

CLASSE LXII

1279. **Girard**. — Echantillon de café liberia.
1280. **Lam tam Da**. — Confiture de gingembre.
1281. **Service local**. — Petites oranges au sucre. — Prunes vertes au sucre. — Tomates confites.

E. MERCIER & Cie

CHATEAU DE PÉKIN (ÉPERNAY

MAISON A PARIS, BOULEVARD POISSONNIÈRE, 20

LA RÉUNION

(Dans l'aile droite du palais central)

PREMIER GROUPE

CLASSE I

1282. **Vinson** (Alfred), à Saint-Denis. — Tableau représentant le passage du mont Saint-Bernard, par Napoléon Ier.

CLASSE II

1284. **Chatel** (Rémy), pharmacien de 1re classe de Paris. — Album spécimen des plantes de la flore illustrée de la Réunion.
1286. **Roussin**, à Saint-Denis. — Volume-album.
1287. **Terquem** (Mlle Sarah), à Saint-Denis. — Pèse-papiers et pèse-liasses des bords de mer de la Réunion avec sujets peints par l'exposante.

DEUXIÈME GROUPE

CLASSE VI

1288. **Legoff**, proviseur du Lycée, à Saint-Denis. — Albums de dessins faits par les élèves du Lycée, 1888. — Cahiers d'honneur du Lycée (1878 à 1888).
1289. **Szymanoki**, à Saint-Denis. — Travaux scolaires.

CLASSE VIII

1290. **Lantz** (Jean-Auguste), à Saint-Denis. — Crustacés montés. — Objets d'histoire naturelle (insectes). — Mammifères et oiseaux montés. — Poissons montés.

CLASSE IX

1291. **Bridet**, à Saint-Denis. — Étude sur les ouragans.
1292. **Lapeyreire** (Joseph), Saint-Denis. — Brochures diverses.
1293. **Potier**, à Saint-Denis. — Étude sur le Sagoutier. — Nouvelle méthode de préparation du cacao.
1294. **Trouette** (Émile), Saint-Denis. — Notice sur l'île de la Réunion.
1295. **Turpin de Morel** (A.-L.), Saint-Denis. — Étude sur l'enseignement primaire de la Réunion.

CLASSE XII

1296. **Cudenet** (François), à Saint-Pierre. — Photographies.
1297. **Georgi** (Henri), Saint-Denis. — Photographies.

CLASSE XIII

1298. **Comité central d'Exposition**, Saint-Denis. — Valhir.
1299. **Grondin** (Edouard), à Bras-Panon. — Violon.
1300. **Palmer**, à Saint-Pierre (Grand Bois). — Violons.
1301. **Payet** (Antoine), à Cilaos (Petit Serré). — Violons.

CLASSE XVI

1302. **Lougnon**, directeur de l'intérieur, à Saint-Denis. — Carte murale de la Réunion.
1303. **Szymanoki**, à Saint-Denis. — Carte de Madagascar. — Carte de la Nouvelle Calédonie. — Carte murale de l'île Bourbon. — Plans en relief de l'île de la Réunion.

TROISIÈME GROUPE

CLASSE XVII

1304. **Comité central d'Exposition**. — Chaises foncées en paille.

CLASSE XVIII

1305. **Guétrin** (Cupidon), sculpteur, à Saint-Denis. — Fruits moulés et peints de l'île de la Réunion. — Cadres en bois vernis de la Réunion. — Colonne en bois sculpté.

1306. **Chatel** (Remy), à Saint-Denis. — Fruits moulés et peints, de l'île de la Réunion.

CLASSE XX

1307. **Aakit**, à Saint-Louis. — Christ sculpté. — Tabernacle.

CLASSE XXI

1308. **Desventes** (Mme Alexandre), à Saint-André. — Tapis mosaïque de soie composé de 3000 assemblages.
1309. **Genève** (Mme veuve Auguste), à Saint-Denis. — Tapis mendiant.
1310. **Roustang** (Antoine), à Saint-Denis. — Tapis mendiant.

CLASSE XXVIII

1311. **Barbot** (Mme veuve), à Saint-Louis. — Huile essentielle de géranium.
1312. **Cabane de Laprade** (Étienne), à Saint-Paul. — Huile essentielle de vétiver. — Huile essentielle de géranium.
1313. **Défaut** (Jules), à Entre-Deux. — Feuilles de patchouli. — Patchouli — Racine de vétiver.
1314. **Deguigné**, à Saint-Benoit. — Huile essentielle de citronnelle. — Huile essentielle de patchouli.
1315. **Dolaboratz** (A.), Saint-Denis. — Géranium rosat. — Panicum altissimum. — Vétiver.
1316. **Fournier** (Paul), à Saint-Louis. — Huile essentielle de géranium et de patchouly.
1317. **Isautier** (Mme veuve et fils) à Saint-Pierre. — Huile essentielle de géranium. — Huile essentielle de vétiver.
1318. **Lecoat de Kerveguen et duc de Trévise**, Saint-Pierre. — Huile essentielle de géranium.
1319. **Morange** (Camille), à St-Benoit. — Huile essentielle de géranium.
1320. **Péverelly frères**, à St-Denis. — Échantillons d'essences diverses
1321. **Pourquier frères et de Bois Villiers**, Saint-Denis. — Eau de cologne.
1322. **Reymond** (Eugène), à Saint-Pierre. — Essence de géranium. — Géranium rosat. — Huile essentielle de patchouli. — Vétiver.

CLASSE XXIX

1323. **Aakit**, à la Réunion. — Corbeille découpée,

1324. **Blanc** (Antoine), à Saint-Denis. — Corbeille de fleurs en coquilles du pays.

1325. **Louël** (Mlle Marie), à Saint-Denis. — Tableau fait en fougères et en lichens du pays.

QUATRIÈME GROUPE

CLASSE XXX

1326. **Potier** (Julien), à Saint-Louis. — Ouate.
1327. **Roussel** (G.), à Saint-Pierre. — Ouate.

CLASSE XXXI

1328. **Barbot** (Mme veuve), à Saint-Louis. — Fibres d'aloès.
1329. **Beaugendre** (Mlle Louisa), Saint-Louis. — Chapeaux, corbeilles, porte-manteau en paille de maïs.
1330. **Beuf** (Etienne) à Salazie. — Travaux en paille de chouchou.
1331. **Lacouarret**, à Saint-André. — Fil d'aloès.

CLASSE XXXII

1332. **Defaut** Jules, à Entre-Deux. — Laine.

CLASSE XXXV

1333. **Comité central d'Exposition**, St-Denis. — Badines et cannes.
1334. **Payet** (Mme Apolinaire) à Saint-Louis. — Mouchoir brodé.

CLASSE XXXVI

1335. **Baret** (Mlle Rosina) à Saint-Louis. — Chapeau latanier.
1336. **Benard** (Mme Julien) à Saint-Louis. — Chapeau forme panama en latanier.
1337. **Bois-Villiers** (Mme de) à Saint-Louis. — Chapeau panama. — Chapeau en latanier.
1338. **Grondin** (Mlle) à Saint-Denis. — Chapeau en latanier.
1339. **Grondin** (Mme Thimothée) à Saint-Louis. — Chapeau en latanier.
1340. **Hermelin-Payet** (Mme Veuve) à St-Louis. — Chapeau en latanier.
1341. **L'Héronde** (F.) à Saint-Denis. — Chaussures. — Vêtements.

1342. **Liquidec** Mme J.. à Saint-Louis. — Chapeau panama.
1343. **Marcelin Rivière** (Mme à Saint-Louis. — Chapeau en latanier.
1344. **Techer-Hubert** (Mme Veuve) à Saint-Louis. — Chapeau en latanier.
1346. **Fontaine** (Mme Louise) à Saint-Louis. — Chapeau forme panama en latanier..
1347. **Guiraud** (B.) à Saint-Denis. — Chaussures.
1348. **Zamudio** (Mlle Marie). — Pantoufles.

CINQUIÈME GROUPE

CLASSE XLI

1349. **Babet frères et Cie**, à Saint-Pierre. — Laves de l'Ile de la Réunion.
1350. **Bruniquel** (Jules) à Saint-Gilles. — Chaux. — Pierres molles.
1351. **Comité central d'Exposition** Saint-Denis. — Morceau de lave de l'Ile de la Réunion.
1352. **Gence** (Octave) à Saint-Leu. — Sel du pays.
1353. **Gruchet** (Auguste), à St-Pierre. — Chaux vive. — Chaux éteinte.
1354. **Jullidière**, à Saint-Denis. — Minerai de fer.
1355. **Laniel**, conducteur des ponts et chaussées à Saint-Benoit. — Lave de l'Ile de la Réunion.
1356. **Le Breton** (Léopold). — Chaux vive. — Chaux éteinte.

CLASSE XLII

1357. **Comité central d'Exposition**, à Saint-Denis. — Échantillons de véritable bois amer. — Vases en racines de fougères.
1358. **Dolabaratz** (A.), directeur de l'agence du Crédit foncier à Saint-Denis. — Ecorces de Tan.
1359. **Dupont** (Josselin), à Saint-Denis. Plantes de fougères de la Réunion.
1360. **Genève** (Mme Veuve Auguste), à Saint-Denis. — Sablière.
1361. **Gevin-Masseaux**, à Saint-Paul. — Fleurs de jonc.
1362. **Goizet** (Georges), chef du service des eaux et forêts à Saint-Denis. Cubes de bois: échantillons des essences du pays.
1363. **Hoarau** (Fortuné), à Entre-Deux. — Cuiller. — Cannes d'espèces diverses en bois du pays

1364. **Lacroix** (Charles de), à Saint-Denis. — Bois d'olive noir tamarin.
1365. **Lescouble** (Léon de), à Saint-Denis. — Bois noir, acacia lebbeck de 300 ans. — Tamarin (planches).
1366. **Téran-Grondin**, à Saint-Pierre. — Tonnelet.

CLASSE XLIII

1367. **Augeard** (Mme Emma), à Cilaos. — Pain de cire.
1368. **Augeard** (Mme Agnès), à Cilaos. — Miel vert.
1369. **Babet frères et Cie** à Saint-Pierre. — Cire jaune.
1370. **Comité central d'Exposition**, à Saint-Denis. — Miel vert.
1371. **Gevin-Masseaux**, à Saint-Denis. — Pains de cire.
1372. **Goizet** (Georges), à Saint-Denis. — Ecorces de china officinalis, de cinchona. — Poudre de quinquina.
1373. **Jacquelin** (J. F.), à Saint-Denis. — Œufs d'Epiornis.
1374. **Potier** (Julien) à Saint-Denis. — Bloc de caoutchouc. — Résine d'araucaria excelsa.

CLASSE XLIV

1375. **Comité central d'Exposition**, Saint-Denis. — Faham desséché.
1376. **Lauret** (Justin), à Cilaos. — Sucre de miel vert.
1377. **Le Coat de Kervéguen et duc de Trévise**, Saint-Pierre. — Graines de lin. — Huile de bancoul. — Huile de ben. — Huile de chardon. — Huile de pignon d'Inde.
1378. **Morange** (Camille), et héritiers Imhaus, à Saint-Benoit. — Coton.
1379. **Potier** (Julien) à Saint-Denis. — Crin végétal. — Plantes médicinales. Graines de baucoulier.
1380. **Sigoyer** (Maxime de) à Saint-Paul. — Huile de bancoul. — Huile pignon d'Inde.

1381. **Armanet**, aux Trois Bassins. — Cigares.
1382. **Augeard** (Mme Emma), à Cilaos. — Carottes de tabac. — Tabac haché.
1383. **Badré** (Aristide), à Saint-Pierre. — Carottes de tabac.
1384. **Boisvilliers** (Louis), à Louis-Rivière Carottes de tabac.

1385. **Brunet** (Léon), à Saint-Pierre. — Carottes de tabac.
1386. **Cabanne de Laprade** (Étienne), à Saint-Paul. — Cigares.
1387. **Chammings** (Henri), à Saint-Pierre. — Carottes de tabac.
1388. **Comité central d'Exposition**, Saint-Louis. — Cigares. — Tabac en feuilles.
1389. **Défaut** (Jules), à Entre-Deux. — Carottes de tabac.
1390. **Devau** (A.), à Saint-Denis. — Carottes de tabac.
1391. **Dolord-Lauret** (Mlle), à Saint-Pierre. — Carottes de tabac.
1392. **Dolaboratz** (A.), à Saint-Denis. — Tabac.
1393. **Fournier** (Paul), à Saint-Louis. — Tabac haché.
1394. **Gévin-Masseaux**, à Saint-Paul. — Carottes de tabac. — Tabac.
1395. **Larieu et Cie**, à Saint-Denis. — Cigares. — Tabac.
1396. **Lauret** (Cyrille), à Saint-Paul (Bois de Néfliers). — Tabac.
1397. **Le Coat de Kervéguen et Duc de Trévise**, à Saint-Pierre Carottes de tabac. — Cigares. — Tabac pressé. — Tabac en feuilles.
1398. **Leclerc** (François), à Saint-Paul. — Carottes de tabac. — Cigares. — Tabac. — Tabac en feuilles.
1399. **Manthim**. Fabricant de tabac à Saint-Denis. — Cigares. — Tabac
1400. **Mazeaux**, à Saint-Louis. — Carottes de tabac. — Cigares. — Tabac. — Tabac doux. — Tabac en feuilles.
1401. **Pénitencier**, (Les enfants du) à Saint-Denis. — Cigares.
1402. **Pourquier frères**. — Tabac.
1403. **Selhausen** (H.-F), à Bras-Panon. — Carottes de tabac.
1404. **Ycard** (Léopold), à Saint-Paul. — Carottes de tabac

CLASSE XLV

1405. **Chatel**, à Saint-Denis. — Tablettes de savon.
1406. **Dolaboratz** (A.), à Saint-Denis.
   Écorce de quinquina en morceaux. — Écorce de quinquina en planches. — Poudre de quinquina.
1407. **Lefebvre** (A.), à Saint-Paul. — Alun.
1408. **Ouledi** (Paul-Jean-Baptiste), à Saint-Denis. — Encre noire.
1409. **Potier** (Julien), à Saint-Denis. — Extrait de quinquina vert.
1410. **Turpin de Morel**, à Saint-Denis, — Kina iodé.

CLASSE XLVII

1411. **Lapierre**, à Saint Denis. — Cuir à semelles.

SIXIÈME GROUPE

CLASSE XLVIII

1412. **Amelin** (Charles), Saint-André. — Appareil à sécher la bagasse.

CLASSE LXIV

1413. **Ambelle** (d'), Plaine des palmistes. — Eaux thermales du Bras-Cabat.
1414. **Jullidière**, à Saint-Denis. — Eaux minérales de la Plaine des palmistes. — Eaux ferrugineuses du Cilaos. — Eaux minérales de Salazie. — Eaux sulfureuses de Mafat.

SEPTIÈME GROUPE

CLASSE LXVII

1415. **Augeard** (Clément), à Cilaos. — Maïs blanc. — Maïs rouge de 4 mois. — Fécule. — Arow-root.
1416. **Babet frères et Cie**, à Saint-Pierre. — Riz créole.
1417. **Daudé**, directeur du bureau commercial de la Cie agricole, (Saint-Denis). — Tapioca granulé. — Tapioca.
1418. **Dolaboratz** (A.), à Saint-Denis. — Avoine. — Maïs jaune. — Maïs rouge. — Manioc haché.
1419. **Gérard** (Jules), à Saint-Denis. — Fécule blutée de Manioc. — Fécule non blutée de Manioc. — Tapioca en grumeaux de manioc. — Tapioca granulé de manioc.
1420. **Gévin-Masseaux**, à Saint-Paul. — Maïs.
1421. **Lapeyrere** (Joseph), à Saint-Denis. — Graines torréfiées.
1422. **Potier**, directeur du jardin botanique, Saint-Denis. — Cacao et Sagou.

1423. **Selhausen**, à Bois de Nèfles, (Saint-Denis). — Fécule de Manioc rosé. — Fécule d'arow-root. — Tapiocas.

1424. **Selhausen**, à Bras-Panon. — Tapiocas.

CLASSE LXVIII

1425. **Pindray de Sainte-Croix** (de), à Saint-Denis. — Biscuits de bord.

CLASSE LXX

1426. **Lacaze** (Eugène), à Saint-Pierre. — Conserves.

CLASSE LXXI

1427. **Augeard** (Clément), à Cilaos. — Embériques. — Embrevades. — Haricots noirs. — Haricots pâles de l'Inde. — Haricots rouges. — Petits haricots blancs. — Pois blancs.

1428. **Augeard** (Emma), à Cilaos. — Petits pois ronds. — Pois ronds (mange tout).

1429. **Babet frères et Cⁱᵉ**, à Saint-Pierre. — Embériques. — Haricots serins. — Haricots noirs. — Lentilles. — Pois ronds.

1430. **Bruniquel** (Jules), à Saint-Gilles. — Mimosa.

1431. **Comité central d'Exposition**, à Saint-Denis. — Cocos pour semences.

1432. **Dolaboratz** (A.), Saint-Denis. — Antaques. — Embériques. — Embrevades. — Haricots blancs. — Haricots noirs. — Haricots de Mascata. — Haricots rouges. — Haricots dits pois de Mascate mouchetés. — Haricots dits pois de Mascate rouges. — Lupins. — Mimosas. — Woëmes.

1433. **Laroche** (Gui), à Saint-Denis. — Embériques. — Pois du Cap blanc. — Haricots blancs. — Haricots noirs. — Haricots rouges.

1434. **Lecoat de Kerveguen et duc de Trévise**, à Saint-Louis. — Antaques. — Haricots noirs. — Pois nègres. — Pois noirs.

1435. **Lory** (Jules), à Saint-Denis. — Pistaches.

1436. **Richard** (Adolphe), à Sainte-Suzanne. — Woëmes.

1437. **Selhausen** (H.-J.), à Bois de Nèfles, Saint-Denis. — Pois noirs.

1438. **Sehlausen** (H.-F.), à Bras-Panon. — Pistaches.

1439. **Sénaud**, à Saint-André. — Litchis vieux.

CLASSE LXXII

1440. **Auber** (F.), à Saint-Benoît. — Noix de muscadier. — Clous de girofle.

1441. **Amphoux** (Thomas), à Saint-Joseph. — Vanille.

1442. **Augeard**, (Clément), à Cilaos. — Maïs rouge.

1443. **Babet frères et C°**, à Saint-Pierre. — Vanille.

1444. **Barbot** (Émile), à Saint-Pierre. — Vanille.

1445. **Barbot** (Mme veuve), à Saint-Louis. — Vanille.

1446. **Beaubrune** (Martin), à Saint-André. — Vanille.

1447. **Bédier** (Albert), à Saint-André. — Vanille.

1448. **Cadet et Payet**, à Saint-Joseph. — Vanille.

1449. **Chatel** (Rémy), à Saint-Denis. — Vanilline.

1450. **Clavery**, (Jean), à Sainte-Suzanne. — Vanille.

1451. **Comité central d'Exposition**, à Saint-Denis. — Clous de girofle. — Vanille.

1452. **Desruisseaux** (Élie), à Saint-André. — Vanille.

1453. **Douyère** (Charles), à Saint-Denis. — Vanille.

1454. **Furcy** (Zelmar), à Saint-André. — Vanille.

1455. **Fille** (Henri), à Saint-Pierre. — Vanille.

1456. **Guigné** (Camille de), Benoît. — Vanille.

1457. **Haumont** (Vidof), à Saint-Denis. — Vanille.

1458. **Isautier** (Mme veuve) **et fils**, à Saint-Pierre. — Vanille.

1459. **Lacouarret**, à Saint-André. — Vanille.

1460. **Laude** (Marville), à Saint-André. — Vanille.

1461. **Lefèvre** (Jules), à Saint-Joseph. — Vanille.

1462. **Lescoubles** (Mme de), à Saint-Denis. — Vanille.

1463. **Martin** (Edelbert), à Saint-André. — Vanille.

1464. **Morin** (Léon), à Saint-André. — Vanille.

1465. **Motais** (Julien), à Saint-Pierre. — Vanille.

1466. **Paillès**, à Saint-Denis, — Vanille.

1467. **Perrault** (Frumence), à Champ-Borné. — Vanille.

1468. **Potier** (Julien), à Saint-Denis. — Muscades. — Vanille mûre. — Vanille de la Guyane.

1469. **Poux** (Eléonore). — Vanille.

1470. **Resseguier**, à Saint-André. — Vanille.

1471. **Richard** (Mme veuve), à Sainte-Suzanne. — Girofle. — Griffes de girofle. — Safran.

1472. **Savary**, à Bras-Panon. — Vanille.

1473. **Selhausen** (H.-F.), à Bras-Panon. — Vanille.

1474. **Sers** (Ernest à Saint-André). — Noix de muscadier. — Macis.

1475. **Séverin** (Antoine), à Entre-Deux. — Gingembre, safran et piment. — Muscades.

1476. **Vinson** (Hyacinthe), à Saint-Denis. — Vanille.

1477. **Bellier de Villentroy** (Alfred), à Saint-Denis. — Safran extra.

1478. **Blanc** (Eugène), à Mont-Vert, Saint-Pierre. — Vanille.

1479. **Dolaboratz**, à Saint-Denis. — Clous de girofle. — Griffes de girofle. — Macis jaune. — Macis rouge. — Muscades.

.·.

1480. **Auber** (Augustin), à Saint-Louis. — Café du pays.

1481. **Aubry** (Guillaume), à Saint-Paul. — Café moka.

1482. **Augeard** (Clément), à Cilaos. — Café Leroy.

1483. **Babet** (frères et Cie), à Saint-Pierre. — Café Leroy. — Café marron. — Café du pays.

1484. **Badré** (Aristide), à Saint-Pierre. — Café Leroy.

1485. **Badré** (Frédéric), à Saint-Pierre. — Café Leroy.

1486. **Bellier** (Adrien), à Sainte-Suzanne. — Cacao.

1487. **Boué** (Isidore), à Saint-Leu. — Café Eden. — Café Leroy. — Café du Pays.

1488. **Brunet** (Léon), à Saint-Pierre. — Café Leroy.

1489. **Cadars** (Jules), à Saint-Pierre. — Café du pays. — Café Leroy.

1490. **Caillot** (Julien), à Saint-Pierre. — Café Leroy.

1491. **Chatel** (Henri), à Saint-Denis. — Chocolat.

1492. **Chatel** (Rémy), à Saint-Denis. — Caféine.

1493. **Chabrier** (frères), à Saint-Louis (Gol). — Café du pays.

1494. **Choppy** (Henri), à Saint-Pierre. — Café du pays.

1495. **Comité Central d'Exposition**, à Saint-Denis. — Café Leroy. — Café du pays. — Cafés mélangés. — Cacao.

1496. **Daudé**, à Saint-Denis. — Café du pays. — Café pointu n° 1. — Café moka. — Café Leroy.

1497. **Defaut** (Jules), à Entre-Deux. — Café du Pays. — Café Leroy.

1498. **Delnaux** (Jules), à Saint-Pierre. — Café du pays.

1499. **Delaboratz**, à Saint-Denis. — Café Leroy. — Café Liberia. — Café marron. — Café moka. — Cacao.

1500. **Dussac**, à Saint-Leu. — Café du pays.

1501. **Fille** (Henri), à Saint-Pierre. — Café du pays.

1502. **Grenier** (Oscar), à Pointe-des-Galets. — Café du Pays. — Café Leroy.

1503. **Hérald** (Mativel), à Entre-Deux. — Café du pays.

1504. **Hibon** (François), à Saint-Pierre (Mahavel). — Café du Pays. — Café Leroy.

1505. **Hoarau** (Alexandre), à Entre-Deux. — Café du pays. — Café Leroy.

1506. **Hoarau** (Anaclet), à Entre-Deux. — Café du pays. — Café Leroy.

1507. **Hoarau** (Cornélie Mlle), à Entre-Deux. — Café du Pays.

1508. **Hoarau** (Duportail), à Entre-Deux. — Café du pays. — Café Leroy.

1509. **Hoarau** (Fortuné) à Entre-Deux. — Café du pays. — Café Leroy.

1510. **Hoarau** (Gaston), à Saint-Pierre-Tampon. — Café du pays. — Café Leroy.

1511. **Hoarau** (Henri) à Entre-deux. — Café du pays. — Café Leroy.

1512. **Hoarau** (Mme veuve), Jules, à Saint-Pierre. — Café du pays. — Café Leroy.

1513. **Hoarau** (Juvence) à Saint-Pierre. — Café du pays. — Café Leroy.

1514. **Hoarau** (Léopold), à Entre-Deux. — Café du pays. — Café Leroy.

1515. **Hoarau** (Mikel) à Entre-Deux. — Café du pays. — Café Leroy.

1516. **Hoarau** (Origène), à Entre-Deux. — Café Leroy. — Café du pays.

1517. **Hoarau** (Romain), à Entre-Deux. — Café du pays. — Café Leroy.

1518. **Isautier** (fils Mme veuve), à Saint-Pierre. — Café Leroy. — Café du pays.

1519. **Lapeyrere** (Joseph), pharmacien 1re classe de la Marine. — Nouveau succédané du café.

1520. **Le Coat de Kervéguen et duc de Trévise**, à Saint-Pierre. Café du Pays. — Café grand Bourbon. — Café Leroy. — Café marron. — Cacao.

1521. **Leclerc** (Clovis), à Saint-Pierre. — Café du pays.

1522. **Lonziennes** (Désiré), à Rivière-des-Cabris, Saint-Pierre. — Café du pays.

1523. **Lory** (Jules) à Rivière-des-Pluies, Saint-Denis. — Café Libéria. — Café moka. — Cacao.

1524. **Maillot** (Agapis), à Entre-Deux. — Café du pays.

1525. **Mativel** (Emery) à Entre-Deux. — Café Leroy.

1526. **Mikel** (Horace) à Entre-Deux. — Café Leroy.

1527. **Motais** (Julien), à Saint-Pierre-Mahavel. Café du pays. — Café Leroy.

1528. **Mutel** (Paul), à Saint-Leu. — Café du pays.

1529. **Payet** (Evenor), à Entre-Deux. — Café du pays. — Café Leroy.

1530. **Pélagand**, à Saint-André. — Cacao.

1531. **Pothier** (Louis), à Saint-Pierre. — Café Leroy.

1532. **Pothin** (Simon), à Saint-Denis. — Café du pays. — Café Leroy. — Café du pays (Tampon). — Café Leroy (Tampon).

1533. **Ragot**, à Bras de Pont Saint-Pierre. — Café Leroy.

1534. **Reymond** (Eugène), à Saint-Pierre. — Caféine.

1535. **Richard** (Mme veuve Adam), à Sainte-Suzanne. — Cacao.

1536. **Roussel** (André), à Saint-Pierre. — Café Leroy.

1537. **Roussel** (Charles), à Saint-Pierre. — Café du pays.

1538. **Sévérin** (Antoine), à Entre-Deux. — Café du pays.

1539. **Selhausen** à Bois-de-Nèfles, Saint-Denis. — Café Leroy.

1540. **Selhausen** (Mme veuve Ernest), à Sainte-Marie. — Café du pays. — Cacao.

1541. **Vilmont** (Mlle Aglaé) à Saint-Pierre. — Café Leroy.

1542. **Yeard** (Léopold), à Saint-Paul. — Café du pays.

...

1543. **Archambault** (Aristide), à Saint-Denis. — Sucre 1er jet. — Sucre 2e jet.

1544. **Barbot** (Mme veuve), à Saint-Louis. — Sucre en vrac. — Sucre 1er jet. — Sucre gros grains.

1545. **Bellier** (Adrien), à Bras-Panon. — Sucre 1er jet.

1546. **Bruniquel** (Jules), à Saint-Gilles. — Sucre 1er jet.

1547. **Chabrier** (frères), à Saint-Louis-Gol. — Sucre 1er jet.

1548. **Choppy**, à Saint-Pierre. — Sucre 1er jet. — Sucre 2e jet.

1549. **Cornu**, à Saint-Denis. — Sucre blanc. — Sucre gris. — Sucre gris de mélasse.

1550. **Dolaboratz** (A.), à Saint-Denis. — Sucre bagatelle 1er jet. — Sucre Beaufond 1er jet. — Sucre Beaufond 2e jet. — Sucre Beaufond 3e jet. — Sucre Beaulieu 1er jet. — Sucre Beaulieu 2e jet. — Sucre Beaulieu 3e jet. — Sucre Bernica 1er jet. — Sucre Flacourt 1er jet. — Sucre Flacourt 2e jet. — Sucre Flacourt 3e jet. — Sucre R^ne Creuse 1er jet. — Sucre R^ne Creuse 2e jet. — Sucre R^ne 3e jet. — Sucre Vue belle 1er jet. — Sucre Vue belle 2e jet. — Sucre Vue-belle 3e jet. — Sucre Vue-belle 1er jet amorcé sur 2e jet. — Sucre de consommation de Vue-belle.

1551. **Hugot** (Emile), à Saint-Denis. — Sucre 1er jet.

1552. **Lafosse** (Eugène), à Saint-Benoît. — Sucre 1er jet.

1553. **Laroche** (Gui), à Saint-Denis. — Sucre.

1554. **Lebeaud** (Charles), à Saint-Leu. — Sucre 1er jet.

1555. **Le Coat de Kerveguen et duc de Trévise**, à Saint-Louis. — Sucre deuxième jet. — Sucre gros grains n° 2. — Sucre premier jet (Tampon). — Sucre n° 3. — Sucre 2e jet. — Sucre étang salé. — Sucre moyens grains. — Sucre gros grains n° 1. — Sucre n° 1. — Sucre n° 2.

1556. **Leroy** (Jules), à Saint-Denis. — Sucre.

1557. **Lory** (frères), à Sainte-Rose. — Sucre.

1558. **Monjol-Mondon**, à Saint-Louis. — Sucre.

1559. **Morange et héritiers Imhaus**, à Saint-Benoît. — Sucre.

1560. **Pélagaud**, à Saint-André. — Sucre 1er jet. — Sucre 2e jet.

1561. **Villiers** (de) (Adam), à Saint-Denis. — Sucre.

1562. **Comité Central d'Exposition**, à Saint-Denis. — Macis. — Gelée de Tamarin.

1563. **Lefèvre**, à Saint-Paul. — Miel vert.

1564. **Lacaze** (Eugène), à Saint-Pierre. — Fruits au jus.

1565. **Daudé**, à Saint-Denis. — Liqueur crème de Combava.
1566. **Duchemann** (Adolphe), Plaine des Palmistes. — Crème de Faham.
1567. **Isautier** (Mme veuve et fils), à Saint-Pierre. — Crème de bibasse. — Crème de Combava. — Crème de mangasse. — Crème de vanille. — Curaçao.
1568. **Le Coat de Kervéguen et Duc de Trévise**, à Saint-Denis. — Liqueur de Combava. — Mussenda. — Sucre Sirop.
1569. **Lafosse** (Eugène), à Saint-Benoît. — Crème de café.
1570. **Lefèvre**, à Saint-Paul. — Sirop.
1571. **Pourquier** (frères) **et de Bois-Villers**, St-Denis. — Anisette extra-fine. — Crème de cacao. — Crème d'orange des bois. — Crème de vangassaye.
1572. **Sénaud**, à Saint-André. — Jamrosa.

CLASSE LXXIII

1573. **Archambault** (Aristide). — Alcool de Cannes. — Eau-de-vie de Cannes. — Rhum nouveau. — Rhum vieux. — Tafia extra. — Tafia nouveau. — Tafia vieux.
1574. **Auber**, à Saint-Benoît. — Vieux rhum extra.
1575. **Chabrier** frères, à Saint-Louis. — Rhum de 1850, 1871, 1888.
1576. **Chatel** (Henri) à Saint Denis. — Rhum.
1577. **Chatel** (Rémy), à Saint-Denis. — Alcool. — Eau-de-vie.
1578. **Comité Central d'Exposition**, Saint-Denis. — Vieux Rhum. — Rhum 1880. — Rhum 1884. — Rhum 1886. — Rhum 1887. — Rhum. — Eau-de-vie de cannes 1887. — Rhum extra-fin. — Rhum nouveau.
1579. **Delaboratz**, à Saint-Denis. — Diagramme rendant compte des résultats de l'exploitation agricole et industrielle de la société depuis 1882.
1580. **Isautier** (Mme veuve et fils), à Saint-Pierre. — Alcool de vesou. — Eau-de-vie. — Eau-de-vie de cannes. — Rhum nouveau. — Vieux rhum extra. — Rhum ordinaire.

1581. **Lapeyreire** (Joseph). Pharmacien de 1re classe le Maradine. — Vin d'ananas. — Vin de cannes à sucre. — Vins. — Alcool. — Eau-de-vie.

1582. **Le Coat de Kervéguen et Duc de Trévise**, à St-Pierre. — Vieil arrak. — Vieux rhum. — Rhum ordinaire. — Rhum désinfecté. — Alcool de vesou.

1583. **Potier** (Julien), à Saint-Denis. — Amer Xilopicraine. — Ayapanine. — Triple extrait de bois amer. — Cassinthe.

1584. **Pourquier frères et de Bois-Villiers**, à Saint-Denis. — Extrait d'absinthe.

1585. **Salmon**, à Saint-Denis. — Rhum.

1586. **Sénaud**, à Saint-André. — Rhum d'ananas.

1587. **Villiers** (de) (Adam). — Vieux rhum.

HUITIÈME GROUPE
CLASSE LXXIV

1588. **Vinson** (Auguste). — Habitation créole.

NEUVIÈME GROUPE
CLASSE LXXIX

1589. **Pothier**, Directeur du jardin botanique, Saint-Denis. — Collection de plantes médicinales, tropicales de l'Ile de la Réunion.

VINS FINS FRANÇAIS

ET ÉTRANGERS

Eaux-de-Vie de toutes marques

DAGUET-MICHAUD

16, RUE GUILHEM (square Parmentier)

PARIS

Spécialité de Vins d'Algérie

VINS DE CHAMPAGNE

de toutes marques

La Maison se charge de la Vente de tous les Produits vinicoles

GRANDS VINS MOUSSEUX HONGROIS

COMMISSION — EXPORTATION

Exposition universelle de 1889

A LOUER OU A VENDRE

A MAISONS-LAFITTE, près le Champ de Courses

A 25 MINUTES DE PARIS, PAR LA GARE SAINT-LAZARE

PAVILLON

DE PLAISANCE

Composé de :

Vestibule, Salle à manger avec window
2 Salons
4 Chambres à coucher, Calorifère

LE TOUT A FORFAIT

S'adresser à M. GUESQUIN, architecte-expert, les mardi et vendredi, de 2 heures à 4 heures, à son cabinet, boulevard Rochechouart, 17bis, Paris.

ANNAM-TONKIN

PROVINCE DE HANOI

PREMIER GROUPE

CLASSE II

1590. Album d'aquarelles (fleurs et fruits).

CLASSE III

1591. **Dumoutier** (Hanoï). — Statues (Divinités).
1592. **Protectorat.** (Tonkin). — Boîtes d'offrandes. — Idoles. — Statues Al-Nan-Da. — Statues de Bac-Dào. — Statue de bonze tonkinois. — Statues de Chan-Xuong. — Statue de Chuan-Dé. — Statue de Geac-hoa-Phat — Statues de Nam-Tao. — Statue de Ngoc-Hoang. — Statue de Phat-Ba. — Statue de Pho-hien sur un éléphant blanc. — Statue de Quam-au-Bat té. — Statue de Quan-Binla. — Statue de Rida. — Statue de Thi-leu. — Statue de Tho-dia-long-tham. — Statue de Tho-Dia-Song-Than. — Statue de Van-Thu. — Vases à encens.
1593. **Résidence de Thanh-hoa.** — Bassin en marbre sculpté.

DEUXIÈME GROUPE

CLASSE VIII

1594. **Protectorat.** — Graines.
1595. **Protectorat** (Vice-Résidence de Hung-Yein). — Porte-pinceaux octogonal.
1596. **Province de Sontay.** — Collections de graines.

CLASSE IX

1597. **Dumoutier**. — Volumes Annamites et Chinois.
1598. **Province de Hanoï**. — Livres annamites. — Livres annamites (histoires d'Annam).

CLASSE X

1599. **Protectorat**. — Porte-pinceau rond.
1600. **Province de Hanoï**. — Papier. — Papier jaune avec dragons pour diplômes avec génies.
1601. **Province de Sontay**. — Écritoire annamite, pinceau à écrire et papier.

CLASSE XI

1602. **Dumoutier**. — Statue de Quam-Am-toa-tam avec l'enfant et le perroquet.
1603. **Province de Hanoï**. — Tableaux peints sur papier.
1604. **Province de Sontay**. — Petit bassin en marbre.

CLASSE XIII

1605. **Moulié**. (Phuong-Lam). — Tam-Tam en bronze provenant de la région de la rivière noire.
1606. **Protectorat**. — Baguettes de tambour. — Baguettes de tam-tam. Clochettes en fer. — Paire de cymbales. — Tambours (Trang-cai). — Tambour (Tréii-cô). — Tambours (Trong-phuong). — Tambour de Pagode. — Tambour (Trong-côm). — Tambour (Trong-kao). — Tambour (Trong-manh). — Tambour (Trong-né). — Tambour (Trong-tam-Chau). — Tambour (Trong-crai-lon). Tambour (Trang-Toé).
1607. **Province de Hanoï**. — Cymbales. — Gongs. — Gong (petit — Tambour. — Tam-tam à main.

CLASSE XV

1608. **Provinces de Hanoï et de Sontay**. — Balances.
1609. **Province de Sontay**. — Mètres annamites.

CLASSE XVI

1610. **Protectorat**. — Province de Quang-Yen. — Carte annamite de la province de Sontay.

1611. **Province de Hanoï**. — Plans et cartes (Province et ville de Hanoï).

TROISIÈME GROUPE

CLASSE XVII

1612. **Borgaard**. — Meuble incrusté et sculpté.
1613. **Dumoutier**. — Bibliothèques laquées.
1614. **Thureau** (Haïphong). — Bahut incrusté.
1615. **Province de Hanoï**. — Meuble annamite sculpté, laqué, doré.

CLASSE XVIII

1616. **Province de Hanoï**. — Accoudoirs. — Bande brodée (Ornement de Pagode). — Devant de table (brodé), fruits symboliques. — Glands en soie pour ornements. — Insignes de Pagode. — Lanternes. — Stores peintes. — Traversins (corne). — Traversins (soie).
1617. **Province de Muong**. — Coussins ou oreillers Muongs ou Kien-mao.
1618. **Province de Sontay**. — Objets de culte en bois (réduction).
1619. **Vice-Résidence de Hung-Yen**. — Emblèmes. — Enseignes de Pagode. — Portants pour enseignes.

CLASSE XX

1620. **Borgaard**. — Vase à fleurs bleues.
1621. **Protectorat**. — Grands supports de vases. — Vases. — Vases à fleurs. — Vases bruts.

CLASSE XXI

1622. **Province de Hanoï**. — Nattes en bambou.
1623. **Province de Quang-Yen**. — Nattes blanches. — Nattes rouges.

CLASSE XXIII

1624. **Protectorat**. — Ciseaux.

CLASSE XXIV

1625. **Protectorat**. — Coquetiers d'argent. — Cuillères d'argent. — Flacon d'argent. — Grandes soucoupes d'argent. — Grandes tasses d'argent. — Petits gobelets d'argent. — Petites tasses d'argent. — Petits vases d'argent. — Plateau à pied d'argent. — Porte-allumettes d'argent. — Porte-flacon d'argent. — Petites soucoupes d'argent. — Théière forme fruit en argent. — Théière ordinaire en argent.

1626. **Province de Hanoï**. — Boîte à tabac en argent. — Porte-chaux d'argent.

1627. **Protectorat**. — Vice-résidence de Hung-Yen. — Coupes rondes d'argent.

1628. **Vice-résidence de Hung-Yen**. — Couvercles d'argent.

CLASSE XXV

1629. **Borgaard**. — Plateau de cuivre gravé.
1630. **Commandant de Beauquesne**. — Brûle-parfum en fonte.
1631. **Protectorat**. — Crachoirs en cuivre.
1632. **Province de Hanoï**. — Bronzes, (animaux). — Brûle-parfums, forme fruits. — Brûle-parfum, forme fruit (grand). — Éléphants en cuivre. — Flambeaux.

CLASSE XXVII

1633. **Protectorat**. — Chandeliers. — Chandeliers laqués. — Lampe et suspension en fer. — Lampes à pied et en cuivre.

CLASSE XXVIII

1634. **Protectorat**. — Essence de citronnelle.

CLASSE XXIX

1635. **Borgaard**, à Hué. — Boîte en bois sculpté. — Pipes annamite en bois. — Plateaux incrustés.
1636. **Protectorat**. — Bâtons de commandement incrustés et garnis d'argent. — Boîte à anse. — Boîte à bétel. — Boîte à bétel laquée. — Boîte à cachet. — Boîtes à pipe. — Boîtes à riz. — Boîte carrée laquée rouge. — Boîte pour offrandes, laquées. —

Boîtes pour offrandes. — Boîte ronde à compartiments. — Boîte ronde. — Bouts de hampe. — Corbeilles laquées. — Couvre-plats laqués. — Cuvette en bois. — Malle carrée laquée. — Oreillers laqués. — Petits plateaux d'offrandes. — Plateaux laqués. — Plateau incrusté. — Plateaux ronds. — Tubes laqués. — Vases à baguettes d'encens.

1637. **Province de Hanoï.** — Vide-poche incrusté. — Vide-poche incrusté carré.

1638. **Province de Hanoï.** — Boîte à bétel (petite). — Boîte incrustée. — Boule en bois tourné. — Panneaux incrustés laqués. — Plateaux incrustés ovales. — Soucoupe et tasse en écaille. — Tableaux sculptés et peints.

1639. **Province de Hanoï.** — Animaux en paille, emblèmes des trois. — Boîte à bétel laquée, dorée. — Boîte à cadeaux laquée, dorée. — Boîte de Mandarin, laquée noire. — Cam ou autel des ancêtres, laqué rouge et or. — Panneau laqué doré.

1640. **Province de Phù-Yen.** — Pilons à riz et mortiers en bois.

1641. **Province de Phù-Yen.** — Modèle de tableau en bambou tressé.

1642. **Province de Sontay.** — Meubles en bois annamites (réduction). — Plateaux en bois.

1643. **Province de Sontay.** — Soucoupe et goblet pour jouer aux dés.

1644. **Province de Sontay.** — Boîtes à bétel laquées. — Boîte à cachets laquée. — Boîte laquée contenant les produits de la laque. — Panier à remuer la laque.

1645. **Vice-résidence de Hung-Yen.** — Panneaux en bambous tressés, encadrés. — Cadres laqués, sculptés, dorés.

QUATRIÈME GROUPE

classe XXX

1646. **Province de Hanoï.** — Coton préparé pour couverture. — Coton préparé pour vêtements.

1647. **Province de Muong.** — Étoffes muongs (cotonnades).

1648. **Province de Sontay.** — Coton.

CLASSE XXXIII

1649. **Protectorat**. — Étoffes.
1650. **Province de Hanoï**. — Soie brochée pour fonds de palanquins.
1651. **Province de Muong**. — Fils de coton, de soie.
1652. **Province de Sontay**. — Soie teinte.

CLASSE XXXIV

1653. **Protectorat**. — Broderie (buste de Paul Bert). — Drapeaux, grande broderie.

CLASSE XXXV

1654. **Protectorat**. — Grands éventails. — Modèle de parasol. — Petits éventails en plumes.
1655. **Province de Hanoï**. — Éventails en plumes. — Éventails ordinaires.

CLASSE XXXVI

1656. **Protectorat**. — Chapeau, (vice-résidence de Quang-Yen), Lances. — Pagnes, robe de Mandarin.
1657. **Province de Hanoï**. — Bottes de lettrés. — Glands de chapeau (femme). — Souliers (femmes). — Souliers (hommes).
1658. **Province de Muong**. — Vêtements Muongs (femmes).

CLASSE XXXVII

1659. **Province de Hanoï**. — Bague en argent. — Boutons d'oreilles en or.

CLASSE XXXVIII

1660. **Protectorat**. — Boucliers de pagode, laqués ronds et longs. — Stylet ivoire.
1661. **Province de Hanoï**. — Epée à poignée d'ivoire, fourreau incrusté, garniture argent. — Fusil annamite incrusté. — Lances de pagode. — Lampes laquées. — Sabre poignée ivoire, fourreau incrusté, garniture argent.
1662. **Résidence de Thamb-Hoa** — Fusil annamite incrusté. — Fusil Muong.

CLASSE XXXIX

1663. **Protectorat**. — Coffres. — Coffres à habits (Caibauad). — Coffres à riz. — Coffre à sapèques. — Coffre à sapèques monté sur roues. — Grand coffre à pieds pour vêtements. — Grande malle rouge. — Malle noire laquée. — Petite malle rouge. — Supports de hamac.

1664. **Province de Hanoï.** — Panier de voyage à compartiments.

CINQUIÈME GROUPE

CLASSE XLI

1665. **Protectorat.** — Bassine à anses. — Chaîne en fer. — Ciseaux à bois. — Entonnoirs. — Fers à repasser (cuivre fondu). — Grand bassin cuivre martelé. — Gros tubes. — Hache. — Jarre en cuivre fondu. — Jarres en fonte de fer. — Marmites cuivre rouge. — Marteau. — Minerai de cuivre. — Palette en fer pour la cuisine. — Pincettes. — Trépied de fer. — Tubes. — Vases en cuivre rouge.

1666. **Province de Hanoï.** — Cafetières. — Chaudrons (diverses grandeurs). — Cuvette (cuivre). — Marmites en cuivre (diverses grandeurs).

1667. **Province de Sontay.** — Coupe-racines. — Objets du culte en étain.

1668. **Vézin et Cie, Usine de Houi-Chay.** — Minerai.

CLASSE XLII

1669. **Protectorat,** (province de Bac-Ninh). — Echantillons de bois. (province d'Hanoï). — Mortiers en bois.

1670. **Province de Hanoï.** — Paniers à provisions. — Paniers à provisions en bambou tressé. — Panneaux en bambou tressé. — Paravent en bambou tressé.

1671. **Province de Lang-Son.** — Echantillons de bois.

1672. **Province de Phùong-Lam.** — Echantillons de bois.

1673. **Province de Quang-Yen.** — Echantillons de bois.

1674. **Province de Quinhon.** — Echantillons de bois.

1675. **Province de Sontay.** — Bois (collection). — Echantillons de bois.

1676. **Province de Thamb-Hoà.** — Echantillons de bois.

CLASSE XLIII

1677. **Gibert**. — Peaux d'oiseaux.
1678. **Province de Phù-Yen** — Cornes de buffles.

CLASSE XLIV

1679. **Protectorat** — Balles de Bémoé. — Cire jaune. — Ramie.
1680. **Province de Phuong-Lam.** — Cires d'abeilles.
1681. **Province de Phù-Yen.** — Résine pour le calfatage de barques.
1682. **Province de Sontay.** — Résine pour les torches. — Résine rose (Sileklaque) Teinture.
1683. **Vice-Résidence de Phuong-Lam.** — Ramie.

CLASSE XLVII

1684. **Province de Hanoï.** — Cuir.
1685. **Province de Phù-Yen.** — Un morceau de peau d'éléphant. — Un morceau de peau de rhinocéros.

SIXIÈME GROUPE

CLASSE XLVIII

1686. **Protectorat.** — Outils de forgeron. — Soufflet de forge.
1687. **Résidence de Sontay.** — Moule pour fondre les socs de charrue.

CLASSE XLIX

1688. **Protectorat.** — Armature de charrue. — Bêche. — Charrue avec soc. — Charrues sans soc. — Couteaux pour couper les talus des rizières. — Faucille. — Faucilles pour couper le riz — Herse en bois. — Herses en fer. — Pioche à manche. — Pioches. — Pioches courbées en fer et en bois. — Pioches droites en fer. — Rateau courbe en fer. — Soc de charrue. — Trident aratoire (coï-cao.)
1689. **Province de Phù-Yen.** — Outils et machines agricoles (réduction). — Charrue modèle.
1690. **Province de Sontay.** — Bêches. — Charrue du Tonkin. — Charrues avec leurs attelles. — Faucilles. — Herses avec attel-

les. — Herse sans attelle. — Pioches. — Rateaux. — Instruments aratoires (Réduction).

CLASSE L

1691. **Protectorat.** — Mesures. — Mesures pour les grains. — Mesures pour le paddy. — Mesures pour le riz.

1692. **Province de Phù-Yen.** — Broyeur pour la canne à sucre (modèle). — Moulins à décortiquer le riz (modèle). — Presse à huile (modèle). Roues hydrauliques pour irriguer les rizières.

1693. **Province de Sontay.** — Alambic (modèle). — Mesures à riz. — Mesures à huile.

CLASSE LI

1694. **Vice Résidence de Hung-Yen.** — Mortier en fonte pour broyer les médicaments.

CLASSE LIV

1695. **Province de Phu-Yen.** — Corde fabriquée avec des fibres de coco.

CLASSE LX

1696. **Province de Hanoï.** — Harnachement pour cheval de selle.

CLASSE LXIII

1697. **Corps du Tonkin.** — Pagode de Dap-Can. — Pavillons pour deux officiers (Nam-dinh.)
1698. **Protectorat.** — Cadenas.
1699. **Vézin et Cie** (Usine de Houi-Chay). — Ciments (échantillons).
1700. **Vice Résidence de Quang-Yen.** — Modèle de maison annamite.

CLASSE LXIV

1701. **Corps du Tonkin.** — Hopital de Vitri.
1702. **Protectorat.** — Cercueil commun.

CLASSE LXV

1703. **Corps du Tonkin.** — Plan en relief du pont de Phu-Ly.
1704. **Fontaine.** — Jonque de mer (modèle).

1705. **Protectorat** (Vice-Résidence de Quang-Yen). — Modèle de jonque annamite.
1706. **Province de Phun-Ye**. — Jonque. — Modèles de jonques.

CLASSE LXVI

1707. **Corps du Tonkin**. — Caserne (Citadelle d'Hanoï) (modèle).

NOUVELLE-CALÉDONIE

(DANS L'AILE DROITE DU PALAIS DES COLONIES)

PREMIER GROUPE

CLASSE II

1708. **Lombard**, Vétérinaire. — (Nouméa). — Croquis de stockman à cheval.

CLASSE III

1709. **Cie des Nouvelles Hébrides.** (Nouméa). — Momie, tabou et crâne. — Tabou en fougères et en cocotier. (Idoles).

1710. **Dintroux,** (Ile Nou). — Buste de Victor Hugo.

1711. **Moriceau.** Sculpture canaque représentant un bœuf. — Statues de femmes. — Statue de femme, (très ancienne). — Statuette d'hommes. — Statuettes d'hommes masqués.

1712. **Service des affaires indigènes.** (Nouméa). — Seuil de porte (Canala, Houaïlou et Koné). — Tabou de case (Nouméa). — Tabou de porte. (Canala, Houaïlou Koné). — Tabou de porte (Koné). — Tabou sculpté (fétiches). — Idoles. — Tabou d'entrée (houaïlou et Ni).

CLASSE IV

1713. **Moriceau** (Case).

DEUXIÈME GROUPE

CLASSE VI

1714. **Gouharou.** — Géographie de la Nouvelle-Calédonie.

1715. **Instruction publique.** Service des Écoles. (Nouméa). **Travaux des Écoles.**

CLASSE VIII

1716. **Comité de souscription,** (Nouméa). — Pierres provenant de l'Ile Nié ou Ile aux chèvres.

1717. **Hayes** (E.) Aperçu sur les richesses végétales et minérales de la Nouvelle-Calédonie. — Aperçu sur les essences forestière de la Nouvelle-Calédonie.

1718. **Moriceau.** — Corps de Chef indigène fumé et séché.

1719. **Pénitencier** de Fonwhary. — Herbier.

CLASSE IX

1720. **Pelcot**, (Nouméa). — Volumes. — Ouvrages sur la réforme de l'armée.

1721. **Gallet**, (Nouméa). — Notices sur la Nouvelle-Calédonie, deux volumes dont un avec la carte de la Calédonie.

1722. **Greslan** (de), (Dumbéa). — Volume. — Monographie de la canne à sucre.

CLASSE XI

1723. **Kremer**, (Nouméa). — Travaux en cheveux.

1724. **Moriceau.** — Blasons de grand chef. — Talismans de longue vie, de mort, pour appeler le tonnerre, pour la pluie. — Monnaie calédonienne.

1725. **Service des affaires indigènes** (Nouméa). — Monnaie calédonienne.

CLASSE XII

1726. **Comité d'Exposition.** — Photographies.

1727. **Compagnie des Nouvelles Hébrides.** — Photographies des Nouvelles Hébrides.

1728. **Le Cocq**, (Magistrat), (Nouméa). — Photographies de Nouméa. — Curiosités canaques.

CLASSE XIII

1729. **Compagnie des Nouvelles Hébrides**, (Nouméa). — Tam-tam.

1730. **Moriceau.** — Flûtes canaques ; sonnette canaque.

1731. **Service des affaires indigènes**, (Nouméa). — Musiques en roseau.

CLASSE XV

1732. **Pénitencier** (Montravel). — Canne podomètre. — Balance sans poids avec note explicative.

CLASSE XVI

1733. **Comité d'Exposition**. — Carte de la Nouvelle-Calédonie au $\frac{1}{700000}$ dressée par M. Gallet. — Carte de la Nouvelle-Calédonie en 3 feuilles. — Carte de l'Ile Art (archipel Bélep). — Carte de l'Ile des Pins. — Carte des Iles Loyalty. — Carte des Nouvelles Hébrides. — Cartes des premier, deuxième, quatrième et du cinquième arrondissements. — Carte du réseau télégraphique et des bureaux de poste de la Nouvelle Calédonie. — Carte routière de la Nouvelle Calédonie. — Carte de l'Ile Wallis ou Nuéa.

TROISIÈME GROUPE

CLASSE XVII

1734. **Védel**, (Commandant à Bouloupari). — Tables en marbre.
1735. **Hayes et Jeanneney** (à Fonwhary). — Secrétaire en bois divers.
1736. **Pénitencier**, (Ile Ducos). — Secrétaire, petit meuble.
1737. **Pénitencier**, (Ile des Pins). — Buffet en bois divers. — Chiffonnière en bois divers. — Meuble en bois divers. — Table de de nuit en bois divers. — Table de toilette en bois divers.

CLASSE XIX

1738. **Pénitencier**, (Bouloupari). — Vitraux peints.

CLASSE XX

1739. **Beaumont** (Lucien), à Moindou. — Briquettes ouvrières.
1740. **Draghichewitz** (Gérolino), à Mont-D'or. — Briques.
1741. **Hoff**, à Dumbéa. — Assiettes et œufs en porcelaine. — Creusets. Cruches et gargoulettes. — Pipes en terre. — Pots à fleurs. — Terre (cymolithe). — Terre réfractaire.
1742. **Moriceau**. — Assiettes canaques. — Marmites en terre.
1743. **Ventzel**, à Nouméa. — Briques. — Grand pot à fleurs. — Gargoulettes et pots à tabac.

CLASSE XXI

1744. **Moriceau**. — Nattes communnes. — Nattes fines (en pandanus).
1745. **Nouet**, ex-gouverneur. — Natte des Wallis.
1746. **Service des affaires indigènes**, à Nouméa. — Nattes.

CLASSE XXIII

1747. **Moriceau.** — Grands couteaux anciens en nacre avec poils de roussette. — Petits couteaux anciens en nacre.

CLASSE XXV

1748. **Pénitencier,** Ile Nou — Bronze.

CLASSE XXVIII

1749. **Caillet,** à la Foa, — Essence de citronnelle (Andropogon citriodorum).
1750. **Hayes et Jeanneney,** à Fonwhary. — Eau double de niaouli. (Melaleuca viridiflora). — Racine de vétiver (Androdopogon muricatus). — Essence de santal musqué (Bielschmeïdia odorata). — Essence de vétiver (Andropogon muricatus). — Essence de santal (Santalum austro-caledonicum). — Essence de citronnelle (Andropogon citriodorum). — Essence de citron (alcoolat de fleurs d'acacia de Farnese) (Exposent au nom du Pénitencier).
1751. **Kéranval,** à Koé. — Essence de citronnelle (Andropogon citriodorum).
1752. **de Greslan,** à Dumbéa. — Racines de vétiver (Andropogon muricatus).

CLASSE XXIX

1753. **Compagnie des nouvelles Hébrides,** à Nouméa. — Tabou en fougères (Idoles).
1754. **Hayes et Janneney,** à Fonwhary. — Pots à tabac en fougère et en bois divers. — Cabas en fibres d'agave. — Etoupe d'herbe à balais. — Jeux de jacquet (marqueterie) — Paniers. — Presse-papier en coquille de bénitier.
1755. **Hoff,** à Dumbéa. — Pipes.
1756. **Houette,** à Prony. — Boîte à châles.
1757. **Moriceau.** — Gourde montée. — Gourde non montée. — Panier en feuilles de pandanus. Petites gourdes montées. — Paniers en feuilles de cocotiers. — Peignes d'hommes.
1758. **Pénitentier** de l'Ile Nou. — Tabatière incrustée. — Tableaux en paille.
1759. **St.-Yves,** à La Foa. — Pois découpé.

1760. **Services des affaires indigènes**, à Nouméa. — Bambous gravés — Bâton de chef (en os d'oiseau de mer). — Couteaux en nacre. — Paniers en jonc. — Paniers et plats en jonc. — Peignes en bambou. — Tabou en fougères (Idoles).

1761. **Tournaire**, à Ile Nou. — Moule gravé (Le Génie des arts et la République). — Coquilles gravées (funérailles de Marceau et de Carnot à Wattignies). — Coquilles gravées (Vercingétorix et la République).

1762. **Védel**, à Bouloupari. — Marbre taillé en presse-papier.

QUATRIÈME GROUPE

CLASSE XXXI

1763. **Ballande et fils**, à Nouméa. — fibres de coco et coprah (amandes de coco desséchées au soleil). — Fibres triées.

1764. **Bougier**, à Ile Nou. — Fibres et étoupes.

1765. **Hayes et Jeanneney**, à Fonwhary. — Dessus de guéridon en agave. — Fibres de liane. — Fibres et étoupes d'ananas. — Fibres, tronc de pandanus. — Fibres et bourres d'arra (Urtica ruderalis). — Fibres et cordes de magnagna (Pachyrrhizus montanus). — Fibres de lin de France. — Fibres (tronc de cocotier). — Bourre d'amiante. — Fibres et cordes de bourao (Paritium tiliaceum). — Fibres de fourcroya gigantea. — Fibres et étoupes du gommier (Cordia glutinosa.). — Etoupes de yucca. — Etoupes d'aloës. — Etoupes d'agave. — Etoupes de bourao (Paritium tiliaceum). — Fibres de bananier.

1766. **Laurié**, à Canala. — Fibres d'agave.

1767. **Vacher** (Emile), à La Foa. — Fibres d'agave.

CLASSE XXXII

1768. **Ballande et fils**, à Nouméa. — Laine.

CLASSE XXXIII

1769. **Collignon**, à Koé. — Soie de 1885, 1886, 1887.

1770. **Nouet et Gouverneur**. — Pièces d'étoffe des Wallis (en ara) et tapa.

CLASSE XXXV

1771. **Hayes et Jeanneney**, à Fonwhary. — Cannes.

1772. **Moriceau**. — Bracelet en coquillages avec poils de roussette. — Bracelet en coquillages pour enfants. — Bracelet en coquillages pour jeune fille. — Canne du chef Cambo. — Ceinture en poils de roussette. — Collier en poils de roussette et coquillages. — Collier en poils de roussette et graines. — Jarretière en poils de roussette avec ouatitis.

1773. **Quinty Jeanne**, à Farina. — Chaussettes en coton du pays. — Fuseaux et coton filé.

1774. **Topin**. — Gilet à bretelles.

CLASSE XXXVI

1775. **Hayes et Jeanneney** à Fonwhary. — Espadrilles en fourcroya gigantea.

1776. **Internat de Néméara**. — Uniforme fait par les enfants. — Souliers faits par les enfants.

1777. **Moriceau**. — Chapeau de sorcier. — Manteau canaque. — Plumets de fête. — Tapa d'enfant. — Vêtement de dessous en écorce. — Vêtement de femme. — Vêtements de dessous en fibres de bananiers. — Vêtement de fête pour femme. — Vêtement de fête pour jeune fille.

1778. **Pénitencier**, Ile Ducos. — Chapeaux de paille récoltée en 1887.

1779. **Service des affaires indigènes**, Nouméa. — Chapeaux simples. — Chapeaux et plumes de cérémonie. — Manteaux avec paille en dehors. — Ouatiti, jarretière de guerrier. — Tapas.

CLASSE XXXVII

1780. **Moriceau**. — Collier en serpentine. — Collier en serpentine à deux rangs.

1781. **Service des affaires indigènes**, Nouméa. — Bracelet.

CLASSE XXXVIII

1782. **Moriceau**. — Casse-tête en bec d'oiseau. — Casse-tête de grand chef de guerre de Baye. — Casse-tête ordinaire. — Casse-tête de Poindi Patchili. — Casse-tête de Poindi Patchili très ancien.

— Doigtiers de sagaies. — Grand casse-tête en bec d'oiseau pour pilou. — Petit casse-tête très ancien. — Haches en serpentine. — Haches modernes montées. — Grande hache en pierre. — Masque pilou. — Grandes sagaies de guerre. — Sac. — Sagaie à lancer le feu. — Sagaie à main très ancienne. — Sagaie en queue de raie. — Sagaies d'enfants. — Sagaies de guerre à palette. — Sagaies de guerre à pointes sculptées. — Sagaies de guerre à tête ornée. — Sagaies de pilou à double tête sculptée. — Sagaies de guerre ordinaires. — Sagaies de pilou avec poils de roussette et bouts sculptés.

CLASSE XXXIX

1783. **Hayes et Jeanneney**, à Fonwhary. — Hamacs en agave.
1784. **Nouet**, ex-gouverneur. — Hamac des îles Wallis.

CLASSE XL

1785. **Moriceau**. — Jeux d'enfants.

CINQUIÈME GROUPE

CLASSE XLI

1786. **Administration pénitenciaire**, Fonwhary. — Collection de roches du bassin d'Uaraï. — Roches.
1787. **Ballande et fils**, Nouméa. — Nickel (Mine de Méré). — Nickel et chrôme de fer. — Bloc de nickel. — Bloc de minerai. — Caisse d'échantillons de minerai. — Terre pour la fabrication des marmites.
1788. **Beaumont** (Lucien) à Moindou. — Charbon de terre.
1789. **Bouteiller**, à Nakéty. — Bloc de fer chrômé. — Chrôme. — Cobalt. — Minerai de nickel. — Minerai de chrôme.
1790. **Cie des Nouvelles-Hébrides**. — Soufre du volcan de Tana.
1791. **Creugnet** à Nouméa. — Charbon de terre.
1792. **Croiser**, à Nouméa. — Charbon de terre (Mine des Bruyères).
1793. **Descot**, à Thio. — Echantillon de terre rouge. — Chrôme. — Minerai et roche. — Cobalt.
1794. **Desmazures** (Alc.), à Nouméa. — Fer chrômé lavé. — Fer chrômé natif. — Fer chrômé non lavé. — Cobalt.

1795. **Duthel** (Mad. veuve), à Thio. — Fer chrômé (bloc brillant).

1796. **Hayes et Jeanneney**, à Fonwhary. — Bourre d'amiante. — Amiante.

1797. **Hoff**, à Dumbéa. — Collection géologique.

1798. **Lupin**, à Canala. — Cobalt et fer chrômé.

1799. **Masquillier**, à Wagap. — Minerai de cobalt.

1800. **Pelatan**, à Mine Pilou. — Sulfure de cuivre. — Lingot de cuivre fondu. — Cuivre natif et cuprite dans du quartz.

1801. **Pénitencier**, à Prony. — Pierre lithographique. — Serpentine.

1802. **Service des affaires indigènes**, Nouméa. — Chaux faite avec des madrépores et préparée par les indigènes de Loyalty. — Aiguilles de toiture. — Bulines (fer à repasser).

1803. **Société le Nickel**, à Thio. — Minerai de nickel et divers. — Bloc minerai de nickel. — Antimoine et cobalt.

1804. **Vedel**, à Bouloupary. — Marbres en cubes.

CLASSE XLII

1805. **Administration pénitenciaire**. — Collection de bois recueillis sur le territoire de Naraï. — Collection de bois de Prony recueillis par M. Jeanneney.

1806. **Greslan** (de), à Dumbéa. — Bille de santal (Santalum austro-caledonicum). Planche en milnéa et planchette en chêne tigré.

1807. **Hayes et Jeanneney**, à Fonwhary. — Barils en bois divers. Troncs de Fougères arborescentes. — Poudre d'écorces de bois de fer. — Echantillons de bois. — Bois de fer. — Ecorce de palétuvier — Ecorce de bancoulier (Aleurites triloba). — Ecorce d'acacia. — Ecorce de palétuvier. — Ecorce de chêne blanc (Weinmania parviflora — Sève de phyllanthus Biliardieri. — Sève de coleus Bleumai. — Sève sèche du Rhus atra, vulgo : goudronnier. — Sève alcoolisée de poëma. — Sève alcoolisée du bananier. — Ecorce de morinda (Morinda citrifolia et morinda tinctoria).

1808. **Houette**, directeur du pénitencier, Prony. — Sabots de divers bois et de diverses formes.

1809. **Laurie**. — Planches en acacia (Acacia granulosa). — Planches en hêtre gris (Grevillea Gillivrayi hook). — Planches en tamanou (Calophyllum inophyllum).

1810. **Moriceau**. — Bambous dessinés. — Battoir pour étoffe. — Battoirs de pilou. — Masque d'enfant. — Branche d'oranger sauvage pour tatouage. — Cocos pour puiser de l'eau. — Grand tabou de sommet de case avec coquillages. — Ornement de porte de case. — Petits tabous de sommet de case.

1811. **Paillot**, à La Foa. — Écorce de palétuvier servant de tan (Mapigium candelarium Rumps).

1812. **Pénitencier**, à Fonwhary. — Tronc de fougère arborescente.

1813. **Pénittencier**, à Montravel. — Pièces de charpentes.

1814. **Pénitencier**, à Prony. — Bois.

1815. **4ᵉ Arrondissement**, à Thouo. — Écorce de niaouli (Melaleuca leucodendron).

1816. **Pénitencier**, de Bourail. — Cordes d'agave.

1817. **Service des affaires indigènes** à Nouméa. — Écorce de niaouli. — Gaulettes et liane Pothos.

1818. **Société des nouvelles Hébrides** à Nouméa. — Branche de bois de rose venant de Port-Villa.

CLASSE XLIII

1819. **Ballande** et fils. — Cocos secs.

1820. **Boyer** père, à Moindou. — Ouate du fromager (Bombax malabaricum).

1821. **Brem et Clemen**, à Nouméa. — Résine de Kaori (Dammara lanceolata et D. ovata).

1822. **Co Mo**, à Nouméa. — Champignons.

1823. **Descot**, à Thio. — Résine de Kaori (Dammara lanceolata et D. ovata.

1824. **Desmazures**, alcide, à Nouméa. — Gomme de Kaori (Dammara lanceolata et D. ovata).

1825. **Dupuy** Commis-rédacteur, à Nouméa. — Chauve-souris. — Serpent venimeux des nouvelles Hébrides. Lézards et géchos.

1826. **Hayes et Jeanneney**, à Fonwhary. — Fruit de Kaori (Dammara lanceolata), fruit de l'Araucaria. — Éponges pêchées à Téremba. — Gomme des fruits du gommier (Cordia glutinosa). — Caoutchouc du Cerberiopsis candelabra. — Cloisons de nautilus. — Résine de goudronnier (Rhus atra). — Résine d'Araucaria Cookii. — Résine de Kaori, (Dammara lanceolata).

1827. **Hoff**, à Dumbéa. — Ouate du fromager (Bombax malabaricum).

1828. **Moriceau**. — Poil de roussette teint. — Racine de banian (bois pour faire du feu). — Bambou pour filet et navette. — Filet de pêche, Hameçons anciens. Modèle de filet pour petits poissons. — Modèle de filet pour tortues avec cordes en cocos. — Outils pour filets. — Teintures pour tatouages. — Roussette. — Sagaie de pêche ancienne montée. — Sagaie de pêche moderne montée.

1829. **Pelatan**, à Nouméa. — Gomme de Kaori (Dammara lanceolata et ovata).

1830. **Pénitencier**, à Ile Nou. — Coquillages.

1831. **Pénitencier**, à Ile des Pins. — Résine de chêne gomme (Spermolepis gummifera).

1832. 4ᵉ **Arrondissement**, à Thouo. — Nacre (cônes) — Nacre (huitres perlières) — Huile de foie de requin.

1833. **Service des affaires indigènes**, à Nouméa. — Carapace de tortue, dont une de caret. — Coquilles diverses (ornements de cases). Conques servant aux conjurations. — Becs d'oiseaux. — Filets à poissons. — Filets à tortues. — Filets pour crevettes. — Filets pour anguilles. — Résine de pin colonnaire (Araucaria).

CINQUIÈME GROUPE

CLASSE XLIV

1834. 4ᵉ **Arrondissement Thouo**, à Thouo. — Corde en fibre de coco, fabriquée par les Indigènes. — Fibres de bananier. — Fibres de bouralo. — de coco ordinaire. — Fibres de coco pour brosserie (1ʳᵉ qualité). Fibres de coton pour brosserie. — Fibres de magnagna. — Fibres de N'Diou.

1835. **Balande L. et fils**, à Nouméa. — Laine.

1836. **Balande et fils**, à Paaba. — Poudre de cocos (cofferdam).

1837. **Bougier**. — Cigares façon manille. — Cigares façon partagas. — Cigares façon tonneins. — Cigares façon conchas. — Tabac à fumer façon régie. — Tabac à fumer façon scaferlati.

1838. **Beaumont**, à Moindou. — Coton.

1839. **Bechtel**, à Moindou. — Tabac en feuilles, en paquets et manufacturé.

1840. **Bouyé**, Houaïlou. — Cire.
1841. **Bougier**, Ile Nou. — Étoupes de fourcroya gigantea. — Étoupes de yucca. — Filasse de fourcroya gigantea. — Filasse de yucca. — Tresses en glumes de Maïs. — Tresses en feuilles de pandanus. — Tresse en feuilles de vétiver.
1842. **Colley et Augé**, à Bourail. — Noix de bancoul. — Huile de coco. — Huile de moutarde. — Huile d'arachides. — Huile de bancoul. — Huile de pignon d'inde. — Graines d'arachides. — Graines de ricin. — Graines de pignon d'Inde.
1843. **Collignon**, à Koè. — Cocons de vers à soie. — Coton récolté en 1888.
1844. **Golembiowski**, à Nouméa. — Cire.
1845. **Greslan** (de), à Dumbéa. — Cire d'abeilles. — Coton Georgie.
1846. **Hayès et Jeauneney**, à Fonwhary. — Bourre de coco. — Coton. — Étoupes de la fausse ramie. — Étoupes de bananier. — Étoupes et fibres de palmier Kentia. — Fibre du yucca. — Fibres de l'ara. — Fibres d'herbe à balai. — Fibres de bananier. — Fibres de pandanus. — Fibres diverses. — Fibres de dolic indigène. — Fibres de bananier rouge. — Fibres de fausse ramie. — Fruits de gommier. — Graines de rocou. — Huile de coco. — Huile de niaouli (huile lourde). — Moëlle de fougère. — Tabac en feuilles.
1847. **Hoff**, à Dumbéa. — Luzerne. — Tabac en feuilles.
1848. **Huyard**, à Moindou. — Tabac en feuilles.
1849. **Internat de Néméara**, à Bourail. — Arachides. — Lin en graines. — Tabac à priser.
1850. **Jaclin**, à Moindou. — Tabac en feuilles.
1851. **Jouan**, à Moindou. — Tabac en feuilles.
1852. **Kabar**, à Houaïlou. — Cire d'Abeilles.
1853. **Legrand**, à Moindou. — Tabac en feuilles.
1854. **Liétart**, à Nouméa. — Cigares. — Tabac en paquets. — Tabac manufacturé en vrac. — Tabac en feuilles. — Tabac canaque en carotte.
1855. **Maneno**, à Focola. — Tabac en feuilles.
1856. **Mauclère**, à Moindou. — Tabac en feuilles. — Tabac de la fringale. — Tabac coupé.
1857. **Metzger** Théodore, à Bourail. — Cire d'abeilles.

1858. **Mézières**, à Bourail. — Tabac en feuilles.
1859. **Mitride**, à Fonwhary. — Tabac en feuilles.
1860. **Moriceau**. — Étoffe d'écorce. — Étoffe d'écorce de banian.
1861. **Pénitencier**, à Bourail. — Feuilles d'agave.
1862. **Roussel et Jouzdey**, à Bourail. — Tabac manufacturé. — Tabac en feuilles.
1863. **Service des Affaires Indigènes**. — Tabac en carotte, préparé par les Indigènes. — Tabac en carotte.
1864. **Simon**, à Nouméa. — Tabac en feuilles.
1865. **Streiff**, à Houaïlou. — Tabac en carotte.
1866. **Styverlink**, à Nouméa. — Huile de coco.
1867. **Trayaud**, à Moindou. — Tabac en feuilles et manufacturé.
1868. **Villanova**, à Moindou. — Tabac en feuilles.

CLASSE XLV

1869. **Administration Pénitentiaire**. Pénitencier de Ponembout et Koniambo. — Collection de simples.
1870. **4ᵉ Arrondissement de Thouo**. — Poudre de curcuma longa.
1871. **Caillet**. — Essence d'écorce d'oranges amères.
1872. **Girard**, à Houaïlou. — Coprah.
1873. **Golembiowski**. — Racine de curcuma.
1874. **Greslan** (de), à Dumbéa. — Curcuma longa.
1875. **Hayes et Jeanneney** à Fonwhary. — Alcoolat de bois d'absinthe. — Alcoolat d'écorce de pêcher. — Alcoolat de bois de rose. — Alcoolat d'écorce de citrons. — Alcoolat d'écorce de lantana. — Alcoolat de vetiver. — Alcoolé d'écorce d'alstonia. — Coprah. — Couleur verte de résine de kaôri. — Couleur tirée des feuilles de niaouli. — Curcuma longa. — Eau double de feuilles de pêcher. — Ecorce de bancoul. — Essence de bois d'anisette. — Essence de feuilles d'orangers. — Essence de curcuma. — Essence d'eucalyptus. — Essence de gingembre. — Essence de niaouli. — Essence de vitex (agnus castus). — Essence de zestes de citrons. — Huile de bancoul. — Huile de ricin. — Indigo. — Lait de papayer (Carica papaya). — Précipité colorant du bananier rouge. — Poudre de brou de la noix de bancoul. — Résine de kaôri, après distillation. —

Teinture de fusain panaché. — Teinture d'hibiscus (Rosa sinensis)
— Doga, teinture indigène. — Teinture rouge de feuilles de
bourao. — Suc de musafehi. — Silicate de magnésie. — Vernis
de kaori.

1876. **Kabar**, à Houaïlou. — Poudre de curcuma longa.
1877. **Kéranval**, à Koé. — Essence d'oranges 1886.
1878. **Municipalité de la Foa**. Essence de niaouli. — Essence de citronnelle.
1879. **Nouet**, ex-gouverneur. — Matière colorante (curcuma) et huile de coco.
1880. **Pénitenciers**, Ile des Pins. — Résine d'Araucaria Cookii.
1881. **Roussel et Jourdey**, à Bourail. — Essence de citronnelle (Andropognon citriodorum). — Essence de curcuma longa. — Essence de vétiver. — Essence de niaouli. — Essence d'oranger. — Essence de niaouli rectifiée.
1882. **Singalvaragapandarum**, concessionnaire, à Ponembout-Koniambo. — Collection de simples. — Tourteau de coprah.
1883. **Vacher** Emile, à la Foa. — Essence de limon. — Noir à harnais Poudre de curcuma. — Racine de gingembre indigène.

CLASSE XLVI

1884. **Pénitencier**, à Montravel. — Tapis.

CLASSE LXVII

1885. **Hoff**, à Dumbéa. — Chevreau mégis noir.
1886. **Foussard**, à La Foa. — Chèvre chagrinée. — Cuir jaune pour harnais. — Cuir pour harnais, façon Chateaurenard. — Cuir-vache molle en gris. — Cuir noir pour harnais. — Vache lissée, cuir fort. — Veau ciré.
1887. **Hoff**, à Dumbéa. — Cuir façon de Hongrie. — Cuir-veau en poil.
1888. **Paillot**, à La Foa. — Cuir fort, jaune. — Cuir-vache, jaune. — Cuir-vache, molle. — Cuir-veaux, jaune. — Cuir noir pour harnais. — Cuir-vache molle en gris. — Cuir noir fort. — Cuir tanné.

SIXIÈME GROUPE

CLASSE XLIX

1889. **Moriceau**. — Bêche ancienne en bois de houp. — Herminettes en serpentine. — Herminette en serpentine montée. — Outil pour planter les taros. — Perche ancienne, en bois de fer pour labourer la terre.

1890. **Service des Affaires Indigènes**, à Nouméa. — Pioches indigènes en bois. — Pelles en bois.

CLASSE LI

1891. **Pelatan**, à Mine Méritrice. — Coupelles avec boutons d'argent provenant de la coupellation.

CLASSE LII

1892. **Diénis**, à Nouméa. — Machine.

1893. **Pelletier**, à Nouméa. — Boulon de bielle. — Ecrou. — Maillon.

CLASSE LIII

1894. **Cognet**, à Nouméa. — Polissoirs.

1895. **Moriceau**. — Porte charges pour pilons. — Vilbrequins. — Vilbrequins à percer les pierres.

1896. **Service des Affaires Indigènes**, à Nouméa. — Battoir.

CLASSE LXIV

1897. **Hayes et Jeanneney**, à Fonwhary. — Cordes de bourao.

1898. **Pénitencier**, à Bourail. — Cordages.

1899. **Service des Affaires Indigènes**, à Nouméa. — Cordelettes en fibres de coco. — Navettes pour cordelettes.

1900. **Michel** (Calfat), à Moindou. — Etoupes.

CLASSE LIX

1901. **Moriceau**. — Palette pour la fabrication des marmites.

CLASSE LX

1902. **Foussard**, à la Foa. — Cuir noir pour harnais.

1903. **Houette**, directeur du Pénitencier, à Prony. — Fantaisie d'éperons.

1904. **Lombart**, vétérinaire. — Etriers. — Fers à bœufs. — Fers à marquer le bétail. — Manche de fouet.

CLASSE LXIII

1905. **Moriceau**. — Aiguilles pour toiture de case.
1906. **Service des Affaire Indigènes**, à Nouméa. — Modèle de case indigène.

CLASSE LXIV

1907. **Moriceau**. — Cercueil canaque.
1908. **Pénitencier**, à Fonwhary. — Cases canaques.

CLASSE LXV

1909. **Bertier**, à Nouméa. — Modèle de navires — Modèle de bateau à vapeur. — Plan de navire.
1910. **Laurie**, à Canala. — Planches pour bateaux.
1911. **Moriceau**. — Réduction de la pirogue simple.
1912. **Service des Affaires Indigènes**, à Nouméa. — Pirogue simple. — Pirogue double. — Pirogue double en santal. — Pirogue simple et voile en natte. — Sagaies de pêche (anciennes).
1913. **Simonin**, à Nouméa. — Modèle de grappin pour relever les cables sous-marins.

CLASSE LXVII

1914. **4° Arrondissement Thouo**. — Farine de Manioc.
1915. **Bara**, à Moindou. — Maïs égrené. — Maïs en épis.
1916. **Bechtel**, à Moindou. — Maïs en épis.
1917. **Bolifrand**. — Fécule de maïs.
1918. **Bougier**, Ile Nou. — Amidon de manioc. — Farine de manioc des Antilles. — Farine de manioc (séchée) farine de manioc (torréfiée) fécule surfine de manioc. — Tapioca de manioc.
1919. **Concessionnaires divers**. — Fécule de manioc. — Maïs.
1920. **Greslan** (de), à Dumbéa. — Fécule de magnagna. — Maïs en épis.
1921. **Guttin**. — Maïs.
1922. **Hayes et Jeanneney**, à Fonwhary. — Avoine du Cap. — Avoine forte. — Avoine de Tartarie. — Blé d'Afrique. — Blé

d'Algérie. — Blé de Steinwedel. — Blé de Toscane. — Fécule d'arrow-root. — Fécule d'igname. — Fécule de manioc. — Fécule de noix de cycas circinalis. — Fécule de patates douces. — Graine de lin. — Morinda en poudre. — Orge chevalier. — Orge du Cap. — Orge nue. — Sarrazin. — Tapioca granulé. — Blé paille rouge.

1923. **Hoff**, à Dumbéa. — Maïs en épis.
1924. **Internat de Néméara**, à Bourail. — Blé en grain. — Maïs égrené. — Sarrazin.
1925. **Kabar**, à Houaïlon. — Riz en paille ou paddy.
1926. **Kérauval**. — Fécule d'arrow-root.
1927. **Laurie**, à Canala. — Riz décortiqué. — Riz en paille (paddy). — Riz en pied.
1928. **Mauclère**, à Moindou. — Maïs en épis.
1929. **Metzger** à la station Magenta. — Maïs en épis.
1930. **Nonenchwender**, à Nouméa. — Arrow-root. — Farine de Manioc.
1931. **Orezzoli** (Jeanne). — Maïs. — Tapioca de manioc.
1932. **Poulain**, à Moindou. — Maïs égrené et en épis. — Maïs égrené.
1933. **Streiff**, à Houaïlou. — Riz en paille ou paddy.
1934. **Thouvenin et C**^{et} — Tapioca en vrac. — Tapioca en paquets.
1935. **Vacher**, à La Foa — Graines d'acacia farnèse. — Maïs en épis.

CLASSE LXVIII

1936. **Goudin**. — Biscuits.

CLASSE LXX

1937. **Ballande et fils**. — Biche de mer noire. — Biche de mer blanche.
1938. **Becker** (Mme v^e) à Ouariail. — Viande salée.
1939. **Bougier**. — Biche de mer ; holothurie fumée.
1940. **Co-Mo** à Nouméa — Biche de mer (1re qualité). — Biche de mer (2e qualité). — Biche de mer (3e qualité).
1941. **Pénitencier**, à Koé. — Viande conservée au rhum.

SEPTIÈME GROUPE

CLASSE LXXI

1942. **4ᵉ Arrondissement de Thouo.** — Noix de bancoul.

1943. **Bechtel**, à Moindou. — Haricots blancs. — Petits pois.

1944. **Bouteiller**, à Nakety. — Haricots. — Haricots païta. — Petits pois.

1945. **Concessionnaire divers.** — Haricots rouges. — Pois secs.

1946. **Foussard**, à La Foa. — Haricots. — Petits pois.

1947. **Hayes et Jeanneney.** — Fruits de gommier dans l'alcool. — Haricots des haies.

1948. **Internat de Néméara**, à Bourail. — Flageolets. — Haricots d'Alger, de Chine, de l'Étoile, noirs, Païta, riz, rouges, Saint-Esprit. — Lentilles; petits pois blancs, verts. — Pois indigènes, pois chiches.

1949. **Kabar**, à Houailou. — Embrevades. — Haricots blancs. — Saint-Esprit. — Lentilles. — Pois du Cap de Bonne-Espérance. — Petits pois.

1950. **Laurie**, à Canala. — Haricots canadiens, de Païta.

1951. **Legrand**, Moindou. — Haricots Païta.

1952. **Mauclère**, à Moindou. — Haricots blancs Soissons. — Petits pois.

1953. **Messon**, à Moindou. — Petits pois.

1954. **Moreau.** — Haricots.

1955. **Peytoureau.** — Haricots de Païta.

1956. **Roussel et Jourdey**, à Bourail. — Pois secs.

1957. **Saulnier**, à Moindou. — Haricots rouges.

1958. **Services des affaires indigènes.** — Grosses gourdes. — Ignames. — Morinda.

1959. **Streiff** à Houaïlou. — Lentilles.

CLASSE LXII

1960. **Archambault** à Moindou. — Ayapana. — Café. — Café Leroy.

1961. **Ballaude et fils**, à Nouméa. — Cacao.

1962. **Baria** à Moindou. — Café.

1963. **Beaumont** (Mᵐᵉ Veuve), à Moindou. — Café.

1964. **Beaumont** (Lucien), à Moindou. — Miel. — Miel (d'abeilles sauvages).
1965. **Bon**, à Nouméa. — Sel fin. — Sel gros.
1966. **Bordeaux**. — Café en cerises.
1967. **Bougé**, à Houaïlou. — Café.
1968. **Bouteiller**, à Nakéty. — Café dit moka.
1969. **Boyer** père, à Moindou. — Café.
1970. **Colley et Augé**, à Bourail. — Graines de moutarde.
1971. **Concessionnaires divers**. — Piments secs
1972. **Devambez** Léon, à Bouloupari. — Café en cerises (récolte 1887). — Café (récolte de 1886). — Café de la Nouvelle Calédonie.
1973. **Duhamel** (Mme Veuve), à Moindou. — Café.
1974. **Echembrenner frères**, à Moindou. — Café.
1975. **Golembiouski**, à Nouméa. — Miel (abeilles sauvages).
1976. **Greslan** (de), à Dumbéa. — Café. — Niaouli.
1977. **Hacques**. — Café décortiqué.
1978. **Hayes et Jeanneney**, à Fonwhary. — Erythrina crista galli. — Gingembre en poudre. — Miel naturel. — Morinda. — Thé de de niaouli.
1979. **Hodgson**, à Nakety. — Café dit moka, séché dans la pulpe. — Café en parche. — Café séché en cerises. — En parche lavé. — Café Liberia.
1980. **Hoff**, à Dumbéa. — Café. — Miel. — Vanille.
1981. **Huyard**, à Moindou. — Café.
1982. **Internat de Néméara**, à Bourail. — Café. — Moutarde.
1983. **Kabar** père, à Houaïlou. — Café.
1984. **Kéranval**, à Koé. — Confitures : de bergamote, de goyaves, de citrons combavas, d'oranges, de pamplemousses, de papaye. — Pâtes : de citrons combavas, de goyaves, de papayes, de pêches.
1985. **Laurie**, à Canala. — Café en cerises (récolte 1888). — Café dit moka. — Café récolte de 1886. — Café récolte 1888. — Café en parche.
1986. **Legrand**, à Moindou. — Café récolte 1887 et 1888.
1987. **Mauclère**, à Moindou. — Café.
1988. **Mévot**, à Moindou. — Ail.

1989. **Messon**, à Moindou — Café.
1990. **Metzger**, à Bourail. — Café.
1991. **Mézières**, à Bourail. — Café Leroy. — Café moka.
1992. **Mitride**, à Fonwhary. — Café en cerises.
1993. **Monféron**, à Bourail. — Café ordinaire.
1994. **Moninoz**. — Café décortiqué. — Café en cerises.
1995. **Moreau**, à Moindou. — Café.
1996. **Névot**, à Moindou. — Café.
1997. **Renard**, à Moindou. — Ail. — Café.
1998. **Robillard**, à Moindou. — Café.
1999. **Roussel et Jourdey**. — Café.
2000. **Sabatier**, à Bourail. — Café ordinaire.
2001. **Service des affaires indigènes**, à Ni. — Café récolté par les indigènes de la tribu.
2002. **Streiff**, à Houaïlou. — Café.
2003. **Trayaud**, à Moindou. — Café.
2004. **Usine de Bourail**. — Cassonnade. — Sucre.
2005. **Venisseau**. — Café décortiqué.
2006. **Villanova**, à Moindou. — Café.

CLASSE LXXIII

2007. **Greslan** (de) à Dumbéa. — Rhum d'ananas. — Rhum de cannes à sucre. — Vin d'oranges.
2008. **Hayes et Joanneney**, à Fonwhary. — Eau-de-vie d'ananas, aromatisée aux feuilles de pêcher. — Eau-de-vie de bananes, de dracœua, de goyavier, de lait de noix de coco, de manioc. Eau-de-vie de miel. — Eau-de-vie d'oranges. — Eau-de-vie de papayes. — Eau-de-vie de pulpe de café. — Suc alcoolisé de figuier de barbarie.
2009. **Hoff**, à Dumbéa. — Suc de citrons.
2010. **Kéranval**, à Koé. — Arack, 1887. — Curaçao, 1837, 1888. — Eau-de-vie de tamarin. — Rhum d'ananas.
2011. **Pénitencier**, à Koé. — Eau-de-vie de papayes.
2012. **Roussel et Jourdey**, à Bourail. — Alcool d'ananas, alcool de bananes, de cannes à sucre, de maïs, de manioc, d'oranges. — Vinaigre de cannes.
2013. **Usine de Bourail**. — Rhum. — Tafias.

MISSIONS COLONIALES

MISSION E. RAOUL

Missions autour du monde des Ministères de l'Instruction publique, de la Marine et des Colonies

L'initiative de cette mission revient au Sous-Secrétariat d'Etat des Colonies. Le programme en est ainsi formulé : « Introduire dans toutes les colonies françaises les végétaux producteurs des matières premières demandées par le commerce et l'industrie. ».

Au cours de cette mission, Monsieur E. Raoul a visité successivement Madagascar, La Réunion, Maurice, Adélaïde, Victoria, la Nouvelle Zélande, les Tonga, les Samoa, les Fidji, la Nouvelle-Galles du Sud, la Nouvelle-Calédonie, Tahiti, les Tuamotou, les Tubuaï, Rapa, les Iles Sous-le-Vent, le Queensland, la Malaisie (plus particulièrement Java, Sumatra, Bornéo) la Cochinchine, l'Annam, le Tonkin, etc.

Vingt-deux mille plantes vivantes ont été recueillies et transportées. Un jardin d'acclimatation très complet a été créé à Tahiti par la Mission. Entre temps, des collections très complètes ont été formées pour le Muséum. Un grand nombre d'espèces végétales nouvelles ont été trouvées. La collection de mousses, d'une valeur inestimable, formée par William Locke Travers, alors ministre du gouvernement Néo-Zélandais, et par M. E. Raoul, compte au moins, au dire des botanistes compétents $\frac{1}{4}$ d'espèces encore complètement inconnues.

Mission E. Raoul.

Album *des bois et des plantes de la Nouvelle-Calédonie.* — Les couvertures de ces albums sont faites avec des spécimens vernis des bois produits par les plantes exposées.

Collection complète *des bois industriels de la Nouvelle-Calédonie.*
Utilisation des bois calédoniens. — Cadres en un bois nouveau: « Tamanou des pentes. »
Catalogue des Bois *de la Nouvelle-Calédonie avec les noms latins, français et dans les divers dialectes indigènes.* — Ce catalogue contient au complet également les noms indigènes donnés par le colonel Sebert, par M. Pancher et par M. Alric pour la Baie du Sud, par M. Hayes, Commandant de Fouwhary, pour la région avoisinante.

Album des Fougères de la Nouvelle-Calédonie.

Album des mousses de la Nouvelle-Calédonie et collection des mousses en boîtes. — Cette collection comprend un grand nombre d'espèces complètement nouvelles.

Album des plantes de la Nouvelle-Calédonie. — Espèces nouvelles ou très rares.

Utilisation des bois et des argiles de la Nouvelle-Calédonie. — Industrie introduite par les déportés de la commune.

Carte économique de la Nouvelle-Calédonie. — Carte commerciale agricole, forestière et minérale par **E. Raoul**, établie sur la carte physique du capitaine d'Estelle, les travaux de la mission hydrographique de M. Bouquet de la Grye, de M. Banaré, Ravel, divers officiers, et de MM. Gallet et **Perret**.

Tables en bois de Tamanou des pentes. — Bois nouveau de la Nouvelle-Calédonie, exécutées par la maison Devouge et Rauss.

Album des fougères de Tahiti.

Album des fougères et des plantes de Tahiti, avec couvertures en bois incrustés, exécutées par M. Poroï, conseiller privé.

Graines de la variété de café introduite à Tahiti, par la mission E. Raoul.

Canne énorme faite d'un caféier introduit, il y a vingt ans par M. E. Raoul. — Canne faite d'un quinquina semé à la réunion en 1881.

Bambou à tonnelets (Bambusa Brandisii). Spécimen des bambous introduits à Tahiti et dans plusieurs colonies françaises.

Gousses des nouvelles espèces de vanille introduite à Tahiti par la mission E. Raoul.

Utilisation des produits végétaux de Tahiti. — Chapeaux en pia, en bambou, en pandanus, en canne à sucre exécutés par Te Oumere à Hiti. Chapeau en pia, tressé pour être offert à Madame Carnot par l'indigène Te Oumere à Hiti.

Curiosités ethnographiques et photographies des archipels français de l'Océanie orientale. — Hameçons en nacre, en écaille. — La nacre et la tortue dont l'écaille est utilisée par l'industrie sont très communes aux îles Tuamotu.

Utilisation des huîtres perlières. — Coupes et plats.

Utilisation des huîtres perlières des Tuamotu. — Nacres décapées par le procédé Degouy. — Appliques et nacres sculptées par M. Degouy, 133, rue du Faubourg-du-Temple.

Deux huîtres perlières des Tuamotu, avec perles adhérentes et perles libres.

Nacres jaunes, blanches et noires des Possessions françaises et grenaille de diverses colonies. — Les nacres des Tuamotus et Gambiers constituent une sorte très recherchée de la nacre noire. On trouve cependant dans plusieurs îles des nacres de diverses couleurs.

Utilisation des nacres de Tahiti. — Coquilles gravées par les déportés

Seul Herbier, existant en Europe, de l'île Rapa.

Crâne marquisien sculpté servant de coupe à Kawa. — Ce crâne très ancien a été recueilli aux Marquises, par M. Edouard Petit.

Nécessaire à tatouage et spécimen de la jambe d'une belle Marquisienne. — Les Marquises sont un des rares points du monde où le tatouage soit encore en honneur. Il faut plusieurs années et des souffrances inouïes entraînant quelquefois la mort pour arriver à avoir un costume élégant. Le nécessaire provient de la collection E. Petit.

Flore industrielle du Japon (série des bois). — Avec spécimens et noms en français, en japonais et en latin.

Ecaille de tortue (utilisation industrielle). — Eventail en écaille sculpté

Produits de la faune marine et utilisation industrielle — Eventails en ivoire.

Utilisation des bois de l'Indo-Chine. — Boîte en trac exécutée en Indo-Chine par le lauréat de l'école d'incrustation.

Utilisation des bois de l'Indo-Chine. — Tables, meubles, chaises exécutés par les ateliers de M. Viardot.

Curiosités ethnographiques et artistiques de l'Extrême-Orient. — Panneaux sculptés, ivoires, bronzes, étagères provenant des collections de M. de Wigan et de M. E. Raoul.

Coco de mer (*Lodoicea Seychellarum*). — Un seul exemplaire vivant de ce curieux palmier existe en Europe. Il a été adressé à M. le professeur Maxime Cornu du Muséum par la mission E. R. Seul de tous ses confrères, le jardinier en chef du Muséum, M. Loury a réussi à le faire pousser en serre.

Albums contenant la collection complète des fougères de la Nouvelle-Zélande. — Les couvertures de ces albums sont faites avec tous les bois utilisables de la Nouvelle-Zélande.

Album de plantes de la Nouvelle-Zélande.

Table confectionnée avec les bois précieux de la Nouvelle-Zélande pouvant être naturalisés en Tunisie.

Photographies des diverses régions de l'Océanie (Australie, Tasmanie, Nouvelle-Zélande, Nouvelle-Calédonie, Fidji, Tonga, Samoa, Archipels de Cook, des Tuamotu, des Tubuai, de la Société, des Marquises, Malaisie, etc.. — Les séries ethnographiques et pittoresques sont complètes; les séries anthropologiques, géologiques et botaniques ne sont pas achevées.

Coquillages divers et Vénus de colon.

Nid d'oiseau-mouche avec œufs ($0^m 0052$).

Quartz aurifère de la Guyane, du Sénégal et de la Nouvelle-Calédonie, utilisation en bijoux. — Chaine de montre présentant : 1° Le quartz aurifère (plaques enchâssées) ; 2° L'or vierge (anneaux guillochés de la chaine) ; 3° L'or au 1er titre (Baguettes guillochées des chainons) ; 4° L'or au 2e titre (plaques des chainons).

Publications

Résultats et travaux d'une mission scientifique des ministères de l'Instruction publique, de la Marine et des Colonies.

Fleurs nouvelles et bois industriels de la Nouvelle-Zélande. — Ouvrage orné à profusion de magnifiques planches en couleur coloriées et dessinées par madame Charles Hetley. Ouvrage rédigé spécialement pour l'Exposition des colonies. Commissaire général M. Louis Henrique. Il n'a été tiré de cet ouvrage que 50 exemplaires numérotés sur papier de luxe. (Les éditions françaises et anglaises sont seules terminées).

Etude économique sur le Tonkin. — Ouvrage sur papier de luxe tiré seulement à dix exemplaires numérotés.

Les récentes annexions anglaises dans le Pacifique. — (Ile Rorotomah, ile Souvaroff, archipel de Cook, iles Kermadée, ile Raoul, par M. E. Raoul)

Javanais et Javanaises. — Origine, types, mœurs, costume, danse, théâtre. Gamelang.

Annamites et Tonkinois. — Origine, types, mœurs, costume, danses, etc. Matas, Linhtaps, Tirailleurs tonkinois.

Indigènes du Congo et du Gabon. — Origine, types, mœurs, costumes, etc. Parallèle avec les mœurs des envahisseurs *Pahouins.*

Kanacks et Antropophages. — Origine, types, mœurs, Pilou-Pilou, danse des Masques, tabous, etc.

5,000 vues photographiques des cinq parties du monde.

Mission autour du monde.

Exposants : **Prince Hinoï et E. Raoul**.

Coquilles d'huîtres perlières, offertes à M. E. Raoul par Pomaré V et le prince Hinoï

Exposants : **William Locke Travers**, ancien ministre du gouvernement Néo-Zélandais, et E. Raoul.

Collection des mousses de la Nouvelle-Zélande. — Cette collection inestimable, offerte par W. L. Travers au gouvernement Français, contient pour la collection Travers **1/4 d'espèces nouvelles** pour la collection Raoul, **1/23**.

Exposants : **Edmond Cotteau et E. Raoul**.

Curiosités ethnographiques recueillies au cours de plusieurs voyages et d'une mission autour du monde : Armes en pierre, en bois (Boomerangs, pagayes etc.), huîtres perlières sculptées et gravées. — 5,000 vues photographiques des cinq parties du monde.

MISSION DU COMTE LOUIS DE JOUFFROY D'ABBANS

Vice-consul de France en Nouvelle-Zélande.

Mission en Océanie du Ministère de la Marine et des Colonies (1888-1889)

Ayant tout son temps pris par la recherche de plantes économiques vivantes, M. Raoul n'avait pu, au cours de sa mission, rapporter, soit de Kerguélen, soit d'Océanie, des collections ethnographiques aussi complètes qu'il était désirable de les avoir pour l'Exposition de 1889. A son instigation, une mission scientifique complémentaire de la sienne fut confiée à M. le comte Louis de Jouffroy d'Abbans, qu'un long séjour et de nombreuses relations en Océanie désignaient tout naturellement au choix du département.

Grâce à son activité extraordinaire, le comte d'Abbans réunit très rapidement les collections demandées; il fit mieux, il sut faire revenir le membres du cabinet Néo-Zélandais sur le refus qu'ils avaient exprimé de participer à l'Exposition universelle. C'est donc à son intervention décisive, c'est donc aussi à MM. Henrique et E. Raoul, qui désignèrent ce fonctionnaire distingué au choix du département, qu'on est redevable de la participation officielle de Nouvelle-Zélande à l'Exposition universelle de 1889.

Ethnographie

Iles Santa-Cruz. — Arcs de guerre et flèches empoisonnées. — Pagaies de pêche et de combat. — Massues de guerre. — Costumes des indigènes. — Métier à tisser le chanvre et fibres des îles, étoffes indigènes. — Instruments divers utilisés par les indigènes pour la pêche, la danse, la nourriture et la toilette.

Iles Salomon, Nouvelle-Irlande et Nouvelle-Bretagne. — Poisson en bois noir, incrusté de nacre. — Ustensiles de cuisine. — Masques et ornements de danse. — Colliers de coquillages. — Armes diverses.

Archipel des Iles Fidji. — Étoffes des îles Fidji tissées par les naturels. — Instruments de cuisine, vêtements, etc. — Oreiller en bambou. — Boîtes destinées à contenir la chaux.

Archipel des Navigateurs. (Iles Samoa). — Étoffes du pays. — Costumes du pays.

Nouvelle Zélande. — Armes de guerre des Maoris. — Grande massue, très ancienne, faite de la racine et du tronc d'un jeune *Totara* ayant appartenu à Wi-Parata. — Deux massues (mere-mere) en bois de rata, sculpté. — Trois haches de pierre, fixées aux manches de bois par des cordes en phormium tenax. — Deux massues (mère-mère) en os de baleine. — Une pièce de bois gravée par les indigènes, trouvée dans le lac Rotorua et provenant d'un édifice submergé. — Collection de haches en pierre de différents âges et provenant de Nouvelle-Zélande, (île du Nord) et les îles Chatham. — Modèle de canot de guerre Maori, orné de plumes, en bois de totara sculpté par un Maori du district du Wairarapa. — Quatre cannes en bois travaillé par les naturels et représentant des sujets allégoriques religieux (bois de Manuka et d'Ake-Ake. — Portrait du chef Wi-Tako, membre du Corps Législatif de Wellington, spécimen de tatouage maori. — Cadre en bois de totara et de mataï ciselé et incrusté de nacre de pawa. Auteur : *Heperi te Wahi.* — Portrait de Tawhiao, roi actuel des maoris (photographie) dans un cadre en bois de kauri-pine (Dammara-Australis), sculpté par les indigènes. — Photographie coloriée de l'installation funéraire de la tribu du chef Te Kooti, cadre gravé par un maorie, nommé Hori-Taha. — Cadre en bois de kaur et de mataï, ciselé par Hori-Taha, contenant la photographie, coloriée par une femme Maori, de la maison du chef Taï Pari à Ohinemutu, district des lacs chauds. — Quatre spécimens de tatouages maoris, deux têtes d'hommes et deux têtes de femmes, en gomme fossile de kauri. — Trois manteaux en phormium tenax, ouvrage de femmes Maories. — Un manteau de jeune fille, dit puriri. — Quatre tableaux types Maoris, hommes et femmes, par Miss Kate Sperrey, de Wellington, Nouvelle-Zélande.

Histoire naturelle

Botanique. — Cent spécimens vivants de fougères arborescentes de la province de Wellington, Nouvelle-Zélande, île N. — Trois collections de fougères desséchées, espèces déterminées, avec fructifications, provenant de la forêt vierge du district de Wairarapa (Forty miles Bush) île du Nord de la Nouvelle-Zélande. — Planches gravées représentant la Flore de la Nouvelle-Zélande, par le professeur T. Kirk, de Wellington. — Publications diverses sur la Flore Néo-Zélandaise.

Zoologie. — Dents de baleine, de quatre espèces différentes, Océan Pacifique sud. — Collection de poissons pêchés sur la côte ouest de l'île du nord de la Nouvelle-Zélande. — Collection de coléoptères, insectes, mollusques de la Nouvelle-Zélande. — Albatros mâle et femelle (en peaux) de l'île Antipode de Paris. — Albatros de l'île Kerguelen. — Pingouins, montés et en peaux. — Pétrel géant de Kerguelen. — Cormoran des antipodes. — Cygnes noirs du lac Wairarapa. — Œufs d'Albatros (île Campbell). — Ornithologie Néo-Zélandaise. — Spécimens d'aptérix, *Kiwis*, oiseaux sans ailes. — Œuf de Kiwi. — Spécimens de trois variétés de Wékas, (poule maorie.)

— Spécimen de « Uuia », mâle et femelle, oiseau sacré des Maoris. *Les plumes de la queue de cet oiseau (noir et blanc), sont le signe distinctif des grands chefs qui les portent au sommet de la tête.* — Spécimen de Kakapo, perroquet géant, monté. — Deux spécimens de Kéa, perroquet carnivore : c'est cet oiseau qui s'abat sur le mouton, s'attache à ses flancs par ses serres puissantes, et lui mange le gras du rognon. — Spécimens de Pukako, de Datrel, de l'hirondelle de mer des antipodes, du petit perroquet de Nouvelle-Zélande, etc., etc. — Nombreux spécimens, non montés. — Gravures coloriées des oiseaux de Nouvelle-Zélande et ouvrage de sir Walter Buller. — Ouvrages divers. — Trois spécimens de la chenille végétale de Nouvelle-Zélande. — Cette chenille, qui ne se rencontre que dans le voisinage de l'arbre indigène nommé Rata, présente cette particularité qu'un champignon se développe à l'intérieur de la cheville et que les fructifications de ce champignons sortent par la bouche de l'animal. La substance végétale se substitue à la substance animale. — Les Maoris emploient ce curieux insecte dans la préparation de leurs tatouages.

Minéralogie. — Quartz aurifère du district de Tibirangi. — Détroit de Cook, Nouvelle-Zélande). — Minerai d'argent, de Nelson, Nouvelle-Zélande. — Minerai de cuivre de l'île d'Urville, détroit de Cook. — Deux cents photographies représentatives de la Flore Néo-Zélandaise.

Album des Antipodes, par M. William Dougall, à Invercargill, Nouvelle-Zélande. — Photographies de l'île Antipode, des îles Campbell, Auckland, Bounty, Snares, etc. — Pingouins, Albatros, lions marins, etc.

Industrie et Commerce.

SPÉCIMENS DES BOIS UTILES DE LA NOUVELLE-ZÉLANDE.

Utilisation des bois de la Nouvelle-Zélande : Petit meuble composé de 3,165 pièces de bois de Nouvelle-Zélande, de vingt-neuf variétés. — Table ronde en mosaïque. — Ces deux ouvrages ont été fait spécialement en vue de l'Exposition, par M. G. Linley, de Wellington. — Cannes faites en bois de Nouvelle-Zélande avec supports, par G. Linley. — Pot à tabac fait avec le tronc d'une fougère arborescente commune, bois de mataï. — Pot à tabac fait avec un morceau du tronc d'une fougère argentée, et couvercle en honeysuckle, Nouvelle-Zélande.

Utilisation des coquillages. — Objets divers faits avec la coquille nacrée nommée Pawa. — Auteur M. Marco Fosella, de Wellington.

Bloc de gomme fossile du Kauri. — Petits ouvrages en gomme de Kauri de diverses nuances.

Fungus amadou de Nouvelle-Zélande. — Le plus gros spécimen connu (pungo des maoris).

Une balle de phormium Tenax préparée spécialement pour l'Exposition de Paris, à Blenheim, Nouvelle-Zélande.

Utilisation des oiseaux de la Nouvelle-Zélande, des Antipodes, de Kerguélen : Vingt et un manchons de femme. — Dix-huit tours de cou. — Huit toques et chapeaux. — Ces objets ont été préparés spécialement pour l'Exposition par M. Liardet, de Wellington (Premier prix à l'Exposition indienne et coloniale de Londres, médaille d'or à Melbourne).

Colonisation.

Diagrammes préparés par le comte de Jouffroy d'Abbans, consul de France en Nouvelle-Zélande, et montrant le développement de cette colonie Britannique au point de vue de la population, du commerce, de l'Industrie, de l'agriculture, des Travaux Publics, de l'Enseignement, etc., etc.

Les merveilles de la Nouvelle-Zélande : quatre guides illustrés, en français, avec cartes et itinéraires, préparés par M. de Jouffroy pour l'Exposition, et imprimés par le gouvernement de Nouvelle-Zélande.

Le Hansart de 1888. — (Débats du Parlement de Nouvelle-Zélande).

Carte de la densité de la population.

Publications officielles du gouvernement Néo-Zélandais, en vue de l'immigration, de la colonisation, etc.

Photographies, chromolithographies destinées à mettre en lumière les progrès de la Nouvelle-Zélande, les industries agricoles et minières les beautés naturelles, etc.

Atlas pittoresque d'Australasie. — C'est la plus belle publication de géographie illustrée, éditée à Melbourne.

Les annales de l'*Institut de Nouvelle-Zélande*, vingt volumes reliés.

CATALOGUE

DES

PLANTES ÉCONOMIQUES

DES

COLONIES FRANÇAISES

EXPOSÉES DANS LES SERRES

DE

L'EXPOSITION COLONIALE

COCHINCHINE ET CAMBODGE

Plantes fournissant des produits donnant lieu à une exportation et plantes curieuses (1)

Matières alimentaires. — Fruits.

Graminées. — Oriza sativa. Riz mép. R. de Go Cong R. de Ving-Long.
Sapindacées. — Nephelium lappaceum. Cay-chom-chom. Litchi annamite.
Sapindacées. — Nephelium sp. Toong.
Méliacées. — Lansium sp. Yao.
Méliacées. — Sandoricum nervosum Sao.
Clusiacées. — Garcinia Mangostana L.
Sterculeacées. — Diospyros decandra Lour Mangoustan Cay-thi.
Ebénacées. — Durio zibethinus. L. Durian.

Sucres.

Palmiers. — Arenga saccharifera Labill. Cay-Duoc.
Palmiers. — Borassus flabelliformis L. (Cambodge seulement).

Bois de Construction et d'ébénisterie.

Artocarpées. — Artocarpus polyphema Pers. Cay-mit-nai.
Méliacées. — Cedrela toona Roxb. Xuong-mot.
Verbénacées. — Tectona grandis L. Cay-sao.

Bois-résines. — Gommes-résines. — Huiles de bois.

Légumineuses. — Dalbergia cochinchinensis véritable Trac.
Diptérocarpées. — Dipterocarpus alatus Roxb. Dau-long, Dau-nuoc, Dau-Conrai (Yao conrai).

(1) Les plantes dont le nom est suivi d'une astérisque ayant beaucoup souffert pendant la traversée ne seront exposées que quand la reprise sera complète.

Diptérocarpées. — Dipterocarpus obtusifolius Teys Dau long (Yao long).
Diptérocarpées. — Dipterocarpus tuberculatus Roxb. Dau long (Yao long)*.
Diptérocarpées. — Dipterocarpus Dyeri Dau-xam-neu (Yao xam)*.
Diptérocarpées. — Dipterocarpus insularis Hance Dau-mit (Yao-mit)*.
Styracées. — Hopea odorata Roxb. Sao-den*.

Laques. — Gommes-résines. — Résines.

Combrétacées. — Combretum lacciferum sp. nov. Dom-sang-Ke.
Clusiacées. — Garcinia morella (pedicellata) Vang-nua Gomme-gutte.
Diptérocarpées. — Shorea vulgaris sp. nov. Chai.

Textiles.

Musacées. — Musa paradisiaca L. Chûoi hôt ruang (Touille hot ruong). Bananier textile à graines.
Musacées. — Musa paradisiaca L. Chûoi hôt (Touille hot) Bananier textile à graines.
Palmiers. — Calamus rudentum Lour. May-saong. Rotin.

Aromates. — Epices.

Zingibéracées. — Amomum cardamomum L. Bach-dau-Khau Cardamome.
Lauracées. — Cinnamomum Zeylanicum Brey. Cay-que. Canelle.

Essences. — Parfums.

Clusiacées. — Ochrocarpus siamensis T. And.
Aquilarinées. — Aquilaria agallocha Roxb. Do. Bois d'aigle*.

Guttas.

Sapotacées. — Isonandra Krantzii Pierre. Thior (Cambodge) Chay (Annam).
Sapotacées. — Palaquium Gutta HBN. Gutta de Singapoor. Introduit.
Sapotacées. — Palaquium oblongifolium Pierre. première qualité commerciale. Introduit.
Sapotacées. — Payena Leerii BH Introduit.

Caoutchoucs.

Apocynées. — Ecdysanthera glandulifera.
Apocynées. — Willughbeia martabanica. Introduit.
Morées. — Castilloa elastica. Cerv. Introduit.

INDE FRANÇAISE

CHANDERNAGOR, PONDICHÉRY, YANAON KARIKAL, ET MAHÉ

Plantes fournissant des produits donnant lieu à une exportation

Bois de construction et d'ébénisterie.

Méliacées. — Chloroxylon Swietenia DC. Behva (Hind) Mududad (Tam) Billu (Teleg). Satin Wood. Bois satin*.
Légumineuses. — Dalbergia latifolia Roxb. Shis ham (Beng. Hind.) Iti eruvadi (Tam) Jitegi (Teleg) Palissandre.
Légumineuses. — Pterocarpus indicus Roxb. Lingo.
Diptérocarpées. — Vateria indica L. Piney maram (Tam) Dupada telladamaru (Teleg.) Copal de l'Inde*.
Ebénacées. — Diospyros ebenum Retz. Ebène vrai.
Ebénacées. — Diospyros melanoxylon Rovb. Kend. (Beng) Tendu (Hind.) Tumri (Tam) Tumi (Teleg) Ebène des sculpteurs.
Verbénacées. — Tectona grandis L. Bois de Teck.
Clusiacées. — Mesua ferrea L. Nagkesar (Beng. Hind.) Nangal (Tam.) Nagakesara (Teleg). Bois de Nangal.

Matières alimentaires.

Térébinthacées. — Mangifera indica L. Amb. (Beng.) Am (Hind.) Mampazham (Tam.) Mamidi-Pandlu (Teleg.).
Zingibéracées. — Maranta indica (M. arundinacea) Introduit. Arrow root de l'Inde.
Nymphéacées. — Nelumbo nucifera Gærtn. Tamaray (Tam.) Tamara (Teleg.) Kauval (Hind).
Graminées. — Oryza sativa L. Dau-chawal (Hind-Bedg) Nelluaresi (Tam.) Rhim (Teleg). Riz.
Loganiacées. — Strychnos potatorum L. Tettan Kottai (Tam.) Nirmalli (Hind-Beng.) Chilla-gingalu (Teleg).

Cucurbitacées. — Benincasa cerifera savi-Kumra (Beng. Kamrapetha Hind.) Kumbuli Tam. Budidigummadi Teleg.

Sucres. — Alcools.

Palmiers. — Borassus flabelliformis L. Tal (Beng.) Tar (Hind) Panam-maram (Tam.) Palmier à sucre.
Légumineuses. — Tamarindus indica L. Tamarin.

Textiles et tissus d'origine végétale.

Légumineuses. — Æschynomene aspera L. Sola (Beng.) Atunete (Tam.).
Palmiers. — Cocos nucifera L. Narikel (Beng.) Nariyel (Hind.) Tenna (Tam.) Nari-Kadam (Teleg.) Cocotier.
Tiliacées. — Corchorus olitorius L. Jute de Chandernagor.
Amaryllidées. — Fourcroya gigantea Vent. Simai-Kathalai (Tam.) Agave à cordes.
Malvacées. — Gossypium arboreum L. Coton de Coimbatoor, Ariellour, Cocanada, Red-ghaut, Coompta, Dholera. Coton.

Beurres. — Huiles. — Suifs.

Sapotacées. — Bassia latifolia Roxb. Madhuka (Sans.) Mahua (Beng-Hind.) Kat-elupe (Tam.) Ipi (Teleg.) Illipé à confitures*.
Clusiacées. — Garcinia indica Choisy. Beurre de Kokum.
Pédalinées. — Sesamum indicum L. Til (Beng-Hind.) Ellu (Tam.) Nuwula (Teleg.). Sésame.

Aromates. — Condiments. — Epices. — Essences.

Graminées. — Andropogon squarrosus L. Khas-Khas-ghas (Beng. Khas (Hind.) Wette-ver (Tam.) Kuruveru (Teleg.) Vétiver.
Graminées. — Andropogon citriodorum L. Lemon grass*.
Palmiers. — Areca Catechu L. Gubak (Sans.) Supari-gua (Beng-Hind.) Kattaipakka (Tam.) Poka-vakka (Teleg.) Aréquier.
Cannabinées. — Cannabis indica Lamk. Ganjika (Sans.) Ganja, Bang-Chavas (Beng et Hind.) Ganja (Tam.) Ganjai (Teleg.) Chanvre indien à Haschich.
Laurinées. — Cinnamomum zeylanicum Breyn. Cannelle de Ceylan.
Pipéracées. — Piper nigrum L. Poivre.
Rubiacées. Coffea Bengalensis. Heyne.

Cachous. — Tannins. — Teintures.

Légumineuses. — Acacia arabica Willd. Bablade (Beng.) Babul (Hind.) Karuvelam (Tam.) Nalla-tuma (Teleg.) Acacia à tan.

Légumineuses. — Acacia Catechu Willd. Khayer (Beng.) Katha (Hind.) Kashukatti-vodalior (Tam.) Podala-manu (Teleg.) Acacia à cachou.

Ébénacées. — Diospyros Embryopteris Pers.

Légumineuses. — Indigofera tinctoria L. Indigo.

Rubiacées. — Morinda tinctoria Roxb. Ach (Beng.) Al (Hind). Manja pavattay (Tam.) maddi chettu (Telag.) Morinda*.

Cosmétiques. Pharmacie.

Ménispermacées. — Anamirta Cocculus Wight et Arn. Coque du Levant.

Lythrariées. — Lawsonia alba. Mehdi (Beng. et Hind.) Aivanam (Tam.) Goranta (Teleg.) mehdee (Hind.) Henné.

Papavéracées. — Papaver somniferum L. Pavot à opium.

GABON

Plantes fournissant des produits donnant lieu à une exportation et plantes curieuses

Huiles, Suifs, Beurres végétaux.

Sapotacées. — Bassia djave, B. noungou, B. Acole. Arbre à beurre de Djave, de noungou, de Acole *.
Diptérocarpées. — Dryobalanops sp. Arbre à graisse d'Ochoco.
Palmiers. — Elæis guineensis Jacq. Ohila, Palmier à huile.
Burséracées. — Irvingia gabonensis H. Bn. Arbre à beurre ou chocolat de Dika.
Légumineuses. — Pentaclethra macrophylla Benth. Owala.

Substances aromatiques.

Anonacées. — Monodora Myristica Dun. Poussa Colabash. Muscadier du Gabon.

Bois de construction et d'ébénisterie.

Légumineuses. — Baphia laurifolia H. Bn. M'pano. Cam wood.
Burséracées. — Bursera sp. Acoumé. Bois d'Acoumé.
Ebénacées. — Diospyros Ebenum Retz. Ebénier.
Légumineuses. — Pterocarpus Angolensis DC. Ezigo. Bar wood, Santal rouge.

Textiles.

Bombacées. — Eriodendron anfractuosum DC. Beuten. Fromager.
Palmiers. — Raphia vinifera P. Beauv. Bourdou, Palmier bamba.

Caoutchoucs et Guttas.

Apocynées. — Landolphia Kirkii. Hook. Liane à caoutchouc.
Apocynées. — Landolphia Petersiana. Hook. Liane à caoutchouc.

Produits pharmaceutiques ou toxiques.

Stercuhacées. — Cola acuminata R. Br. Noix de Kola.
Apocynées. — Strophanthus hispidus DC. Inée, Onaye.
Légumineuses. — Erythrophlaeum guineense Afz. Téli. Mancone.
Loganiacées. — Strychnos Icaja H. Bn. Caja, M'Boundou du Cap Lopez.
Taccacées. — Tacca involucrata. Pemba-Rogé.

GUYANE

Plantes fournissant des produits donnant lieu à une exportation et plantes curieuses

Matières alimentaires et fruits.

Anacardiacées. — Mangifera indica L. Mangue d'Or. Freycinet, Saint-Michel, etc. (Introduit).
Euphorbiacées. — Manihot Aipi Pohl. Camanioc. Manioc doux.
Euphorbiacées. — Manihot utilissima Pohl. Manioc industriel, M. Amer.
Pipéracees. — Piper nigrum L. Poivre noir de Cayenne.
Graminées. — Saccharum officinarum L. Canne à sucre, verte et violette. (Introduit) Rhums, R. de la Mana.
Buttnériacées. — Theobroma sylvestre H. Bn. Cacao sylvestre.

Bois de construction et d'ébénisterie.

Euphorbiacées. — Amanoa guyanensis Aubl. Bois de lettre rubané*.
Légumineuses. — Andira racemosa Lamk. Wacapou. Epi de Blé.
Méliacées. — Cedrela odorata L. Acajou femelle.
Térébinthacées. — Bursera altissima H. Bn. Bois de rose de Cayenne*.
Légumineuses. — Coumarouna odorata Aubl. Gayac de Cayenne. (Fève de Tonka).
Légumineuses. — Dicorynia paraensis Benth. Bois d'Angélique*.
Légumineuses. — Eperua falcata Aubl. Woapa à bardeaux.
Ulmacées. — Ferolia guyanensis Aubl. Bois satiné*.
Légumineuses. — Hymensea Courbaril L. Courbaril.
Lauracées. — Licaria guyanensis Aubl. Bois jaune de Cayenne.
Artocarpées. — Piratinera guyanensis Aubl. Bois de lettre moucheté.

Caoutchoucs et guttas.

Euphorbiacées. — Hevea guyanensis Aubl. et Spruceana. Caoutchouc de Para*.

Sapotacées. — Mimusops Balata Gœrtn. Sève de Balata*.

Huiles. — Cires

Méliacées. — Carapa guyanensis Aubl. Huile de carapa.

Graines ornementales

Euphorbiacées. — Omphalea triandra L. Graines de ouabé*.

Produits pharmaceutiques

Rutacées. — Quassia amara L. F. Quassia amara.
— Simaruba officinalis Dc. Simarouba*.

MADAGASCAR

SAINTE-MARIE DE MADAGASCAR, COMORES, NOSSI-BÉ

Plantes fournissant des produits donnant lieu à une exportation et plantes intéressantes

Matières alimentaires. — Fruits. — Épices. — Aromates

Myrtacées. — Caryophyllus aromaticus L. Giroflier (Introduit).
Rubiacées. — Coffea zanguebarensis. Café zanzibar marron.
Aurantiacées. — Citrus hystrix Dc. Citron combava.
Bixacées. — Flacourtia Ramontchi l'Hérit. Prunier de Madagascar.
Musacées. — Ravenala Madagascariensis L. Arbre du voyageur.
Myristicées. — Myristica moschata Thunb. Muscadier. (Introduit).
Palmiers. — Areca Madagascariensis. Palmiste de Madagascar.

Bois de construction et d'ébénisterie

Ébénacées. — Diospyros ebenm Ruetz. Ebène.
Légumineuses. — Dalbergia Sp. Palissandre*.

Caoutchoucs

Apocynées. — Tabernœmontana elastica Raoul. caoutchouc arbre de Madagascar (1re sorte)*.
— Vahea gummifera Lamk. Caoutchouc liane (2me sorte).

Huiles

Clusiacées. — Calophyllum tacamahaca W. Takamahaca rouge.

Textiles

Palmiers. — Sagus Raphia Poir. Raphia*.

Teinture

Légumineuses. — Indigofera Anil L. Indigo de Lokobé.

Pharmacie

Apocynées. Strophanthus Rigali Cornu. Sp. nov.

GUADELOUPE ET MARTINIQUE

Plantes fournissant des produits donnant lieu à une exportation et plantes curieuses

Matières alimentaires

Dioscoréacées. — Dioscorea alata L. Coush coush.
Aroïdées. — Colocasia esculenta Schott. Malanga, chou caraïbe.
Rubiacées. — Coffea arabica L. Caféier (Café dit de la Martinique).
Euphorbiacées. — Manihot utilissima Pohl. Manioc amer, M. à Tapioka.
Graminées. — Saccharum officinarum L. Canne à sucre. (Introduit).
Butinériacées. — Theobroma cacao. L. Cacaoyer.
Orchidées. — Vanilla planifolia Andrew. Vanille du Mexique.
— — pompona Vanillon.

Fruits

Sapotacées. — Achras Sapota L. Sapotille.
Aurantiacées. — Citrus decumana L. — C. japonica Thunb. Shadek et Chinois.
Laurinées. — Persea gratissima L. Avocatier.
Clusiacées. — Mammea americana L. Abricotier d'Amérique.
Anacardiacées. — Mangifera indica L. Manguier.
Musacées. — Musa paradisiaca L. et M. sapientum L. Bananier à Figues mignonnes et Bananier.

Bois de construction et d'ébénisterie

Burséracées. — Bursera balsamifera Jacq. Gommier *.
Méliacées. — Cedrela odora L. Acajou femelle.
— Swietenia Mahogoni L. Acajou de Saint-Domingue.
Légumineuses. — Acacia scleroxylon Tuss. Tendre à caillou *.

Légumineuses. — Haematoxylon Campechianum L. Bois de campêche.
Sapotacées. — Mimusops Balata Gœrtn. Bois de Balata *.

Textiles.

Amaryllidées. — Agave mexicana, fœtida, filifera. Pitt. Aloès à cordages.

Matières colorantes.

Bixacées. — Bixa orellana, L. Roucouyer.

Caoutchoucs, Guttas.

Sapotacées. — Mimusops Balata. Gœrtn. Bois de Balata.

Parfums, Essences.

Malvacées — Hibiscus abelmoschus L. Ambrette.

NOUVELLE-CALÉDONIE

Plantes fournissant des produits donnant lieu à une exportation et plantes curieuses

Matières alimentaires

Cycadées. — Cycas Neo-Caledonica Hort. Mouène.
Aroïdées. — Colocasia esculenta Schot. Coboué, Néré, Taro.
Dioscoréacées. — Dioscorea alata L. Oubi, Ousi, Kou, Igname Uri.
Dioscoréacées. — Dioscorea aculeata L. Ouale, Ouare. Igname de chef.
Musacées. — Musa oleracea Vieill. Poiete.

Bois de construction et d'ébénisterie.

Légumineuses. — Albizzia granulosa Benth. (Variété de forêt) Nerikouen Acacia de forêt.
Conifères. — Araucaria Raouli Moore. Iereoua. Araucaria des hauts.
Clusiacées. — Calophyllum inophyllum L. Ue. Tamanou bord de mer.
Clusiacées. — Calophyllum montanum Vieill. Nua Pio, Tamanou de montagne.
Clusiacées. — Calophyllum sp. Uea. Tamanou des pentes.
Sapotacées. — Chrysophyllum Wakere Panch. et Seb. Tène, Azou. Inclouable de Lifou*.
Ebénacées. — Diospyros montana Panch. et Seb. Gouné, Ébène blanche.
Conifères. — Dammara lanceolata Lindl. Berairou, Bora, Kaori rouge d'Alric.
Conifères. — Dammara ovata Moore. Ninourai. Kaori blanc d'Alric.
Conifères. — Dammara Moori Lindl. Duou. Kaori.
Conifères. — Dammara Cornui Raoul. Metea. Kaori rabougri d'Alric.
Myrtacées. — Melaleuca Leucodendron Lam. Niaouli.
Clusiacées. — Montrouziera cauliflora Panch. et Triana. Ui. Houp*.

Méliacées. — Nemedra eleagnoides A. Juss. Tecouï, Souniou, Milnea*.

Méliacées. — Trichilia quinquevalvis Panch. et Seb. Bois moucheté, Chêne tigré*.

Santalacées. — Santalum austro-caledonium. Tibean, Taporaï, Santal.

Myrtacées. — Spermolepis gummifera Brongt et Gris. Chêne gomme de ravin*.

Protéacées. — Stenocarpus laurifolius Brong. et gr. Hêtre noir.

Protéacées. — Intsia Amboinensis. Kohu.

Textiles.

Urticées. — Pipturus velutinus Weddell. Dem.

Légumineuses. — Pachyrrhizus montanus Rich. Magnagna.

Huiles et Essences.

Euphorbiacées. — Aleurites triloba Forst. et angustifolia Uette. Bancoulier.

Lauracées. — Bielschmeidia odorata Panch. et Seb. Kirou, Santal musqué.

Loganiacées. — Fagraea Berteriana A. Gray.

Myrtacées. — Melaleuca Leucodendron Lam. Niaouli.

RÉUNION

Plantes fournissant des produits donnant lieu à une exportation et plantes intéressantes

Matières alimentaires, Fruits.

Palmiers. — Acanthophœnix alba Wendl. Palmiste blanc.
Palmiers. — Acanthophœnix rubra. Palmiste rouge.
Palmiers. — Acanthophœnix sp. (R.). Palmiste bourre *.
Artocarpées. — Artocarpus integrifolia. Jacquier (introduit).
Sapindacées. — Nephelium Litschi L. Letchi (introduit).
Euphorbiacées. — Manihot Aipi Pohl. Manioc Sosso.
Euphorbiacées. — Manihot utilissima Pohl. Manioc industriel. M. de Java.

Substances aromatiques, Epices, Essences.

Orchidées. — Angraecum fragrans Dupetit Thouars. Faham.
Rubiacées. — Coffea arabica L. Caféier Moka.
Rubiacées. — Coffea arabica laurina. Caféier Leroy.
Rubiacées. — Coffea mauritiana Lam. Caféier marron *.
Lauracées. — Laurus Camphora L. Camphrier (naturalisé).
Orchidées. — Vanilla planifolia Andrews. Vanille du Mexique.

Bois de construction et d'ébénisterie.

Légumineuses. — Acacia heterophylla W. Tamarin des hauts.
Légumineuses. — Acacia dealbata L. Acacia Bernier (naturalisé).
Casuarinées. — Casuarina torulosa Ait. Filao d'Australie *.
Sapotacées. — Imbricaria maxima Poir. Natte à grandes feuilles.
Sapotacees. — Imbricaria petiolaris D.C. Natte à petites feuilles.
Myrtacées. — Fœtidia Mauritiana Comm. Bois puant.
Combretacées. — Terminalia mauritiana Lam. Faux-Benjoin à tan.
Sapotacées. — Sideroxylon cinereum Bojer. Bois de fer *.

Pharmacie.

Apocynées. — Carissa xylopicron Th. Bois amer.
Rubiacées. — Cinchona succirubra Pav. Quinquina cultivé.
— Danais fragrans Comm. Bois à dartres *.
Bixacées. — Gynocardia odorata. Chaulmoogras. Introduit *.

Tannins.

Saxifragées. — Weinmannia macrostachya DC. Tan des hauts *.

Textiles.

Palmiers. — Carludovica palmata R. Br ˜aille de panama (introduit).
Amaryllidées. — Fourcroya gigantea Vent. Aloes vert à cordes (introduit).
Palmiers. — Latania rubra. Jack. Latanier.
— — Borbonica Lam. —

SÉNÉGAL ET RIVIÈRES DU SUD

Plantes fournissant des produits donnant lieu à une exportation

Matières alimentaires, aromatiques. Fruits.

Rubiacées. — Coffea Liberica Hook. Caféier de Libéria.
— Coffea Sp. Café de Rio Nunez et de Rio-Pongo.
Sterculiacées. — Cola acuminata, Duparquetiana, filicifolia, heterophylla, cordifolia. Gourou, ngourou, noix de Kolas.
Musacées. — Musa sapientum, M. paradisiaca L. Bananiers.
Graminées. — Sorghum vulgare Pers. Pomby, Sambo-Souko, Sacoulé, Dengoub, Fonio, Guinicko-Tiokaudé ou Dourro. — Sorgho à Couscous, Mil, Millet de Cafrerie.
Rubiacées. — Sarcocephalus esculentus Afzel. Doy (Bassa). Amelliky (Sierra Leone).
Légumineuses. — Detarium Senegalense Guill. Meli, Détar (Yoloff). Manbode (Mandingue).
Légumineuses. — Detarium microcarpum Guill. et Perr. Dauck (Cayor).
Légumineuses. — Parkia biglobosa H. Bn. Nete (Yoloff) Houlle (Serères).

Textiles.

Malvacées. — Gossypium punctatum Guill. et Perr. Coton de Bondou.

Tannins, Teintures.

Légumineuses. — Acacia arabica Willd. Acacia à gousses tannantes.
Légumineuses. — Pterocarpus erinaceus Poir. Vène (Yoloff) Kino (Mand.). Kino de Gambie.

Gommes.

Légumineuses. — Acacia arabica. Willd. et ses variétés ou formes

A. tomentosa Benth : — A. nilotica Benth. A. indica Benth : — A. Krausseana Benth. Acacias à gomme arabique.

Huiles, Beurres végétaux.

Légumineuses. — Arachis hypogeca L. Arachides de Galam et du Cayor.

Sapotacées. — Bassia Parkii Don. Arbre à beurre de Galam, de Karity*.

Méliacées. — Carapa touloucouna Guill. et Perr. Arbre à huile de Carapa.

Palmiers. — Elæis Guineensis Jacq. Ohila, palmier à huile.

Cucurbitacées. — Telfaira pedata Hook.

Caoutchoucs.

Apocynées. — Landolphia divers. Lianes à caoutchouc.
Asclépiadées. — Calotropis gigantea RBz. Fafetone.

TAHITI, ILES SOUS-LE-VENT, MARQUISES

Plantes fournissant des produits donnant lieu à une exportation et plantes rares

Matières alimentaires et Fruits.

Artocarpées. — Artocarpus incisa Forst. Uru (ancien) Maiore (moderne).
Palmiers. — Cocos nucifera L. Niu Haari. Cocotier.
Aroïdées. — Colocasia esculenta Schott. Taro.
Aurantiacées. — Citrus aurantium L. Anani. Oranger. Naturalisé.
Aurantiacées. — Citrus Limonium Risso. Taporo rahi. Citron d'une livre. Introduit.
Champignons. — Exidia auricula judæ Fries? Taria iore. Oreille de rat.
Légumineuses. — Inocarpus edulis Forst. Mape.
Musacées. — Musa Fehi Bertero. Feï.
Musacées. — Musa sapientum L. variété Hapua. Bananier des régions froides.
Graminées. — Saccharum spontaneum L. To aheo et To patu. Canne à sucre sauvage*.
Graminées. — Saccharum officinarum L. To. Canne à sucre cultivée.
Anacardiacées. — Spondias dulcis Forst. E. Pommier de Cythère*.
Taccacées. — Tacca pinnatifida L. Pia. Arrow-root de Tahiti.
Pipéracées. — Piper methysticum Forst. Ava, Kawa.

Bois de construction et d'ébénisterie.

Clusiacées. — Calophyllum inophyllum L. Tamanou.
Malvacées. — Thespesia populnea Corr. Miro. Bois de rose de l'Océanie.

Tannins.

Légumineuses. — Acacia pycnantha Benth. Acacia à Tannin (naturalisé).

Légumineuses. — Acacia decurrens Willd. A à tannin (naturalisé).

Textiles.

Urticées. — Pipturus argenteus Weddell. Roa.
Malvacées. — Gossypium tahitense. Parlator. Vavai.
— Paritium tiliaceum A. Juss. Fau (ancien) Purao (moderne).

Essences.

Loganiacées. — Fagræa Berteriana A. Gray. Pua, Poua.
Rubiacées. — Gardenia tahitense D. C. Tiare. Gardenia.
— Guettarda speciosa L. **Tafano**.
Anonacées. — Uvaria sp. Mossoï (Introduit).

Plantes Ornementales.

Fougères. — Alsophylla decurrens Hook.
— Cyathea medullaris. Sw. Mamau.
— Angiopteris evecta. Hoff. Nahe.
Pandanées. — Pandanus Rumph. Aiai.

TONKIN ET ANNAM

Plantes fournissant des produits donnant lieu à une exportation et plantes curieuses

Matières alimentaires. Fruits. Aromates.

Lauracées. — Cinnamomum zeylanicum Brong. Cay-que.
Ebénacées. — Diospyros Kaki L. Kaki.
Sapindacées. — Euphoria Longana L. Longani. Longani.
    — Nephelium Litchi L. Litchi.
Graminées. — Oriza sativa L. Riz.
Palmiers. — Phœnix pusilla ? Lour.

Sericiculture.

Morées. — Morus alba L. et M. latifolia. Murier à vers.

Textiles.

Thymélées. — Daphne cannabina Lour. Cay-deo-niet*.
Urticées. — Bœhmeria nivea Hook. et Arn. Ramie.
Morées. — Broussonetia papyrifera Forst. Murier à papier. Introduit.

Laques, Résines, Gommes, Résines.

Térébinthacées. — Augia siamensis Lour. Cay-son*.
    — Rhus vernicifera Dc.

Essences.

Oléacées. — Olea fragrans L. Hoa-mouc-tay.

Pharmacie.

Magnoliacées. — Illicium verum Hook. Anis étoilé *.
Loganiacées. — Strycanos Gautheriana Pierre. Hoang-nan.

Spécimen des petites serres portatives ayant servi au transport des plantes économiques des colonies françaises.
Modèle construit sur les indications de M. E. Raoul.

TABLE DES MATIÈRES

Commissariat général	1
Commission consultative	3
Comités d'admission	6
Palais central des colonies	13
Expositions permanentes des colonies	15
Exposants de la métropole dans le Palais	23
Exposants de la métropole dans les jardins	32
Assinie	35
Gabon-Congo	37
Sénégal	51
Martinique	71
Guyane	79
Saint-Pierre et Miquelon	83
Obock	85
Mayotte et Comores	86
Nossi-Bé	89
Sainte-Marie de Madagascar	91
Inde française	93
Tahiti	101
Guadeloupe	106
Cambodge	117
Cochinchine	123
Réunion	139
Annam-Tonkin	157
Nouvelle-Calédonie	167
Missions	187
Catalogue des plantes	197

www.ingramcontent.com/pod-product-compliance
Lightning Source LLC
Chambersburg PA
CBHW071950160426
43198CB00011B/1619